MYSTÈRE! (La Camusine) 11345

qu'est la femme?...

Traditions des plus célèbres · PARADOXES · APHORISMES ·
anciens et modernes. — AMOUR · MARIAGES · ETC·ET[C]

Par L. PEYRONNET, Ancien Professeur.
Membre de plusieurs Sociétés Savantes ·
[Primé] par le Gouvernement ·

Auteur de divers ouvrages recherchés ·

[U]n [A]nge? un [D]emon?

[P]rix: 3 fr. 50, franco. Par la Poste: 3 fr. 75.

ADRESSER LETTRES & MANDATS A
[P]EYRONNET, Rue Houdan, 128, à SCEAUX (Seine)
Propriété de l'éditeur. Tous droits réservés.

Le Médecin des Pauvres
Et les 2,000 recettes utiles.
Par le Professeur L. PEYRONNET

Malade ou bien portant, chacun trouve, dans ce livre, des renseignements précieux.

Il est le résumé de toutes les découvertes heureuses que la médecine, la chimie, l'herboristerie ont accumulées à travers les âges pour remédier à la fragilité humaine.

On a profité surtout des belles découvertes des Grands Maîtres: Raspail, Pasteur, etc., qui ont rendu de si grands services à l'humanité souffrante.

Lisez le *Médecin des Pauvres*, il vous donnera, outre diverses recettes très utiles, les moyens faciles de conserver votre santé, et, en cas de maladie, il vous indiquera ce que vous devrez faire pour la rétablir, non par des drogues qui *ruinent*, qui *tuent*, mais avec des plantes qui coûtent *peu et guérissent*.

Vous y apprendrez aussi à préparer, vous-mêmes, une infinité de remèdes avec ce que vous avez dans votre cuisine ou chez l'épicier.

Il donne aussi l'explication des *Cent Plantes*, leur nom latin, leur famille, leurs divers noms patois et leurs propriétés, ainsi que la manière de les préparer. Nous avons ajouté une superbe carte représentant, avec leur couleur naturelle, les principales plantes telles qu'on les voit dans les champs et les prairies, ainsi que les champignons bons et mauvais.

Dans cette nouvelle édition, vous trouverez un grand nombre de nouvelles gravures et les traitement des principales maladies des animaux domestiques : chiens, chats, poules, pigeons, vaches, chèvres, moutons, chevaux, etc., avec un traité des plantes employées dans la médecine vétérinaire.

Le *Médecin des Pauvres* est donc un vrai trésor que toutes les familles doivent posséder.

Prix de l'ouvrage complet: 3 fr. 50; franco, mandat ou timbres-poste;

Ecrire au professeur L. PEYRONNET, 128, rue Houdan, à Sceaux (Seine).

Ne pas confondre notre Livre avec ceux des charlatans; exiger, pour ne pas être volé, le *Médecin des Pauvres*, édité par l'Œuvre Humanitaire, sous la direction du Professeur PEYRONNET. — Des charlatans de tout acabit exploitent, sans vergogne, par des annonces et même par des livres, les pauvres malades, toujours crédules. Le livre *Le Médecin des Pauvres* dévoile les fraudes et les escroqueries de tous genres.

QU'EST LA FEMME?

SCEAUX. — IMPRIMERIE CHARAIRE

QU'EST

LA FEMME?...

ANGE OU DÉMON?

Contradictions des plus célèbres auteurs anciens et modernes etc., etc.

Par le Professeur L. PEYRONNET

Prix : 3 fr. 50 ; franco, 3 fr. 75.

SCEAUX (SEINE)
LOUIS PEYRONNET, ÉDITEUR
128, RUE HOUDAN, 128

1907
Déposé. Tous droits réservés

PRÉFACE

Bien souvent, l'on m'a demandé ce que je pensais de la femme.

Ne voulant pas répondre et émettre mon opinion à ce sujet, tout seul, et sans avoir consulté les divers écrivains qui ont traité ce sujet, je suis obligé de dire à mes lecteurs et lectrices : « *Jugez vous-mêmes si réellement la femme est un ange ou un démon.* »

Je leur livre donc ce que j'ai trouvé de plus curieux sur la femme, dans les auteurs anciens et modernes, avec mes humbles pensées personnelles.

Ce travail n'a été pour moi qu'une simple distraction, malgré les nombreuses difficultés de traduction ; il y a de quoi faire rire ceux qui ont envie de pleurer.

Que mes aimables lectrices ne m'en veuillent

pas: elles savent très bien que, parmi elles, il y en a qui sont des anges adorables, mais qu'il y en a bien aussi qui sont de vrais démons!

Les hommes feront comme moi; ils riront et c'est tout, car ils sont fixés sur le compte des femmes.

Professeur L. PEYRONNET,
Paris, le 1er juillet 1906

QU'EST LA FEMME?
ANGE OU DÉMON?

La femme est supérieure à l'homme par tous ses instincts mystérieux de tendresse et de sentiments.

Victor Hugo.

La femme est une créature inférieure. Dieu, disent les rabbins, la créa la dernière, prévoyant bien que l'homme ne tarderait pas à s'en plaindre.

Noel.

— Femme ! tu es mon seul espoir ! La terre n'a plus de périls pour moi ! Dans mon cœur je conserve l'image de ta bonté et à l'heure de ma mort, grâce à toi, mon âme s'en ira bien tranquille.

Dante.

Chez la femme la méchanceté est tellement épouvantable et horrible qu'elle paraît incroyable à ceux qui ont eu le bonheur de ne pas en être victimes.

D. Caron.

La femme ne semble vivre que pour rendre service

aux malheureux ; elle ne vit que pour adoucir les peines de l'homme ; elle ne respire que pour aimer.

L. Peyronnet.

L'homme qui se marie se met dans la plus triste condition.

La Fontaine.

Maison sans femme corps sans âme.

Proverbe populaire.

Il n'y a que deux beaux jours dans le mariage : le premier et le dernier.

Brantome.

La femme est un être très singulier ; puissant et faible, sublime et abject, passionné et cruel, compatissant et féroce, capable de tout souffrir et de tout oser.

Elle est tout ce qu'il y a de meilleur et de pire, d'abominable et de funeste pour l'humanité.

En un mot : elle est un ange ou un démon !!

Père Ventura.

La vertu chez les femmes de quarante ans ne consiste, le plus souvent, que dans le déplaisir de les avoir.

Auguste Luchet.

Dans une société la présence d'une demoiselle est

comme un parfum suave que nous respirons tous avec délice.

L. Peyronnet.

La plus grande partie des femmes sont capricieuses, volages et hypocrites.

Saint-Omer.

Nous ne regardons comme bien élevé que l'homme qui respecte le sexe de la bonté, de l'amour du ménage et de la beauté.

Silvio Pellico.

Ce ne fut pas le démon qui tenta Eve, mais bien Eve qui tenta le démon. La femme commença. Lucifer s'en allait tranquillement ; il vit la femme et devint Satan.

Victor Hugo.

La femme est l'image de la Vie de l'Univers et de la Nature.

Burdach.

Quel que soit le mal qu'un homme puisse penser d'une femme, il n'atteindra jamais celui que la femme pense de lui.

Chamfort.

Il y a plus de femmes victimes des hommes que d'hommes victimes des femmes.

Mme Vion.

La plus grande partie des femmes se donnent à Dieu quand le diable n'en veut plus.

L. Peyronnet.

Chez la femme toutes les qualités sont innées. Les hommes doivent les acquérir.

Caro.

On dit : « Ce que femme veut, Dieu veut. » Ce proverbe est vrai dans un seul cas ; c'est quand la femme veut le mal.

Delannoy.

Les femmes sèment les roses sur le cours de notre vie.

Schuller.

La femme est ce qu'il y a en ce monde de plus corrompu et de plus corruptible.

Confucius.

Les femmes ont le génie de la charité. Un homme ne donne que son or, la femme donne son cœur. Une pièce de vingt francs dans les mains d'une femme vaut plus qu'un billet de cent francs entre les mains d'un homme.

Ernest Legouvé.

Les femmes sont des démons qui nous font entrer en Enfer par la porte du Paradis.

Saint Cyprien.

Il est impossible de ne pas comprendre, à moins d'être aveugle, que Dieu a réuni dans la femme tout ce que l'Univers a de plus beau. Oui, avouons-le franchement, c'est la plus belle de toutes les créatures.

L. Peyronnet

Les femmes ne valent pas seulement un centime.

Ferville.

Nous traitons les femmes comme des fleurs de jardin, c'est-à-dire nous cherchons à les étouffer. Elles sont des fleurs qui méritent beaucoup de soins

D'Alembert.

Oh ! femme, femme !... Je ne suis pas étonné que l'univers ait été perdu par une femme.

Hussein.

La femme est un être qui ne trahit pas, qui n'est jamais égoïste ; c'est l'être le plus aimable que le cœur de l'homme puisse rêver.

J. Hubal.

La femme, comme tous les êtres faibles et méchants, est généralement vile, traître, rusée et féroce.

Delahaye.

Beaucoup de femmes consacrent toute leur vie à soigner les pauvres et les malades. Nous sommes des ingrats en ne reconnaissant pas leur mérite.

L. Peyronnet.

La meilleure de toutes les femmes ne vaut rien.

Esode.

Les femmes peuvent gouverner les hommes par la douceur et la persuasion.

Alexandre.

Il y a moins d'étoiles au ciel que de fourberies dans le cœur d'une femme.

L. Peyronnet.

Il est nécessaire pour une femme que la vertu habite dans son cœur, que la modestie brille sur son front, que la douceur s'échappe de ses lèvres et qu'elle travaille toujours.

Mabire.

La moins imparfaite des femmes a toujours le diable dans le corps.

D. Caron.

La douceur est le miel de la femme.

A. Basta.

Les femmes mariées qui ont de l'esprit en font deux parts : l'une pour leur méchanceté contre leur mari, l'autre au service de leur amabilité pour tous les autres.

Chevillard.

La femme joue un rôle très important dans l'éducation du genre humain.

L. PEYRONNET.

L'homme est une forteresse. S'il a le malheur d'aimer une femme, c'est l'ennemi qu'il introduit dans la place, ennemi d'autant plus dangereux qu'ayant confiance en lui il se livre pieds et mains liés. Un homme qui aime une femme est un homme perdu.

WISEMANN.

Préférez-vous la brune, la blonde ou l'autre ?

BAUZON.

L'un des signes les plus sensibles de l'infériorité de la femme, c'est qu'en se mariant elle perd son nom, c'est-à-dire sa personnalité.

DANIEL STERN.

Les femmes ne sont que douceur, amour et bénédiction.

MICHELET.

— Femme ! tu devrais être toujours vêtue de deuil et présenter, aux regards de tous, une femme noyée dans les larmes, pour racheter ta faute d'avoir perdu le genre humain. Femme ! tu es la porte de l'Enfer.

TERTULLIEN.

Les femmes sont la plus belle moitié du monde et font l'admiration de l'autre moitié.

Jean-Jacques Rousseau.

L'esprit ne sert à la femme que pour couvrir la faiblesse de son cœur.

La Beaumelle.

La femme a une clef que Dieu lui a donnée pour ouvrir à l'homme la félicité.

L. Peyronnet.

L'esprit de la plus grande partie des femmes sert à augmenter leur folie et non leur raison.

La Rochefoucauld.

Les femmes ont inventé tous les arts libéraux et c'est pour cela que toutes les sciences et les arts portent des noms féminins.

Agrippa.

Il y a des femmes qui, pour l'honneur de leur sexe, devraient fouetter les autres, à frais communs.

Mme de Sévigné.

La haine de la femme ne survit pas à sa colère.

Millevoye.

Il n'y a pas à choisir parmi les femmes ; toutes ont des défauts plus ou moins nuisibles au repos et à la tranquillité des hommes.

Gratien Dupont.

Il est vrai que l'amitié entre femmes est bien plus rare que parmi les hommes; mais il faut avouer qu'elle est beaucoup plus délicate.

P. Richter.

La femme est comme la vigne; l'une et l'autre ont besoin d'un appui pour tenir debout et exister; mais souvent elles entraînent leur appui et le font tomber.

Nicole.

La présence d'une femme pure, aimante et dont le cœur répond à votre cœur, vous communique quelque chose de sa sublime morale, de sa douce sérénité qui harmonise l'esprit.

Michelet.

Nous remarquons dans la femme des mouvements effrénés, une colère aveugle, une impétuosité bouillante, une grande pauvreté de bon sens, une extrême faiblesse de jugement et un orgueil absolument indomptable.

D'Argentré.

La modestie, la propreté, un caractère doux et la fidélité sont pour la femme la meilleure dot.

L. Peyronnet.

Les ruses des femmes se multiplient avec leurs années.

Goldoni.

La femme a toujours un sourire pour toutes les joies, une larme pour toutes les douleurs, une consolation pour toutes les misères, une excuse pour toutes les fautes, une prière pour tous les malheurs, un encouragement pour toutes les espérances.

Sainte-Foix.

Il ne faut pas compter sur la fidélité des femmes ; puisque toutes, pour une raison ou pour une autre, succombent à la tentation et au besoin d'en aimer un autre malgré la foi jurée. Cela ne peut être nié même par les plus chauds partisans de la femme.

D. Caron.

C'est de l'amour que vit la femme depuis sa naissance jusqu'à sa mort.

Carola.

La femme est la perdition de l'homme. C'est une bête inconstante, une pensée continue, une lutte continuelle, une perte journalière, un besoin de solitude, un naufrage de la vie de chasteté, un navire d'adultère, une bataille nuisible, un très méchant animal, un poids insupportable, une plaie incurable et enfin un esclavage naturel.

Simonde.

Dieu nous a donné la femme comme un échantillon du Paradis.

G. Mazzini.

La concupiscence, la colère, les mauvaises passions, le désir de faire du mal et la perversité sont les qualités principales de la femme.

Manon.

La femme est un instrument de félicité pour celui qui sait la comprendre.

L. Peyronnet.

Les femmes ressemblent un peu aux perroquets ; elles parlent beaucoup pour ne rien dire.

Du Plessis-Chamant.

La femme est une créature de premier ordre. Dieu la créa la dernière et y mit tout son savoir et sa puissance. Il ne pouvait rien faire de plus parfait, il en resta stupéfait lui-même.

La femme étant donc la perfection et la fin des Œuvres de Dieu, qui peut lui nier sa supériorité sur toutes les autres créatures ? Et qui oserait dire que l'univers aurait été parfait sans la femme ?

La fin que l'on se propose en faisant quelque chose est de produire une perfection ; c'est ce que Dieu a fait en terminant son œuvre par la création de la femme.

L'univers n'est qu'un palais préparé pour la recevoir. Le devoir de tout homme est donc d'honorer la femme car elle est la reine de toutes les créatures.

De Querlon.

La femme est la porte de l'enfer, — l'homme est son seigneur et elle devrait porter le signe de sa servitude.

TERTULLIEN.

L'homme croit gouverner et régner ; mais c'est une grave erreur, il est un simple esclave que la femme conduit à son plaisir.

L. PEYRONNET.

Les femmes n'oublient qu'une seule chose : le bien qu'on leur fait.

SCHILLER.

L'épouse est le meilleur ami que l'on puisse trouver, elle nous reste attachée même quand tous les autres se sont enfuis.

J. DROZ.

La femme commence à nous assouvir avec du miel (Lune de miel), bientôt après elle nous fait déguster le fiel, et enfin elle nous le fait boire jusqu'à la dernière goutte.

L. PEYRONNET.

Robert, fils de Guillaume le Conquérant, blessé par une flèche empoisonnée, les médecins déclarèrent qu'il allait mourir si quelqu'un ne lui suçait la plaie,
« J'aime mieux mourir, dit-il, que d'en faire mourir un autre à ma place », et il s'endormit profondément.

Sa femme, qui avait tout entendu, laissa sortir les médecins, se précipita sur son mari, lui suça si bien sa plaie qu'il guérit ; mais elle en mourut.
SAINTE-FOIX.

— Femmes ! vous êtes des chimères ou des êtres inconcevables... abîmes de douleur et de volupté ! Beauté plus dangereuse pour l'homme que l'élément dans lequel tu as été créée ! Malheur à celui qui s'abandonne à ton calme mensonger !... C'est toi qui soulèves les tempêtes qui tourmentent le genre humain.
JEAN-JACQUES ROUSSEAU.

Le mariage est pour la femme une véritable tyrannie ; c'est une loi faite par l'homme plein d'égoïsme et de brutalité.
EUGÈNE SUE.

Les femmes ne sont pas autre chose que des animaux de luxe et même pas de première qualité.
GUERRAZZI.

Les femmes sont plus gracieuses, plus sensibles, plus raisonnables et valent plus que nous.
LE PRINCE DE LIGNE.

Les femmes se cachent dans le sein de Dieu quand elles ne peuvent plus montrer un visage auquel sourient les jeunes.
ROCHEBRUNE.

Celui qui est maudit par une femme est maudit par Dieu.

Livres sacrés indiens.

La femme est certainement ce qu'il y a de pire en ce monde.

Martial.

Celui qui dit du mal de la femme n'a ni œil ni cœur. En méprisant la femme on se méprise soi-même.

Henri Carozzi.

La femme est un serpent venimeux dont le diable se sert pour s'emparer de nos âmes.

Saint Cyprien.

C'est dans le sein de la plus pure des vierges que le Christ forma son corps. L'homme est bien inférieur à la femme.

Guilmont.

La femme est non seulement la source du péché, mais encore la fontaine de tous les malheurs du monde ; c'est elle qui a augmenté et augmentera toujours les erreurs et les fautes des hommes.

Olivier.

La femme est un objet d'amour ; être plus distingué que l'homme, elle fait les délices de l'humanité.

L. Peyronnet.

La femme est un animal difficile à connaître et naturellement porté au mal. Comme tout animal reste toujours un animal, quand bien même il vivrait cent mille ans, il s'ensuit que la femme est toujours femme et le restera tant que le monde durera.

Les femmes, en résumé, ne valent pas le diable.

Molière.

Une douce voix de femme s'empare de mon cœur ; ses paroles sont si gracieuses que c'est le chant de la vie ; et chaque fois qu'elle parle c'est un poème d'amour.

Paul de Maligny.

La femme possède le venin de la vipère et la malice du singe.

Saint Grégoire.

Les femmes sont réellement les fleurs de la vie.

Bernardin de Saint-Pierre.

Voici la véritable définition de la femme :
C'est un animal qui éprouve un très grand plaisir à se regarder dans la glace.

Saint Augustin.

La femme est le chef-d'œuvre de l'univers.

L. Peyronnet.

La femme est un diable assez perfectionné.

Victor Hugo.

Quand la vertu et la modestie sont rehaussées par la beauté, la femme est plus admirable que les étoiles du firmament.

Grégory.

Pendant plusieurs siècles les femmes ont été opprimées ; mais il a été impossible d'en venir à bout, parce qu'elles savaient qu'un jour elles seraient maîtresses.

P. Stahl.

Dans la femme il y a beaucoup plus de vice que de vertu ; beaucoup de ruse, de malice, de fausseté et peu de franchise ; une source d'aigreur et l'apparence seulement de la douceur ; beaucoup d'amour pour elle-même et très peu pour les autres ; un plus grand amour pour l'homme qu'elle rêve que pour celui qu'elle possède ; en un mot elle a plus de mauvaises dispositions que de bonnes.

Schulze.

Quels sont ces êtres que nous opprimons perpétuellement ?... Leur sein nous a portés et nourris, leurs mains ont dirigé nos premiers pas, leur douce voix nous a appris à balbutier les premières paroles, ils ont essuyé nos premières larmes et nous leur devons nos premiers plaisirs.

L. Peyronnet.

La femme est l'instrument du diable.

Saint Bernard.

Femme ! tu fus créée dans un instant de sourire de l'Eternel. C'est ta présence qui engendre le sourire sur la terre.

G. Garibaldi.

La femme est la cause de tous les malheurs de l'humanité.

Auguste Houelle.

La faiblesse est pour la femme ce que le sucre est pour les confitures.

A. Basta.

La femme fut créée pour ennuyer l'homme.

C'est une créature qui n'est jamais contente de sa position ; qui emploie tout son esprit pour le contrarier ; qui trouble ses plaisirs, le révolutionne quand elle le voit en paix, lui pervertit le cœur et l'esprit pour augmenter ses souffrances.

Wisemann.

Les femmes possèdent une intelligence subtile et délicate, un tact bien supérieur à celui de l'homme, une générosité de cœur qui les porte à se sacrifier pour les malheureux, les faibles et les malades.

L. Peyronnet.

La femme est l'ennemie naturel de l'homme.

Montaigne.

La maison de l'épouse est un temple sacré où aucun regard suspect ne doit pénétrer.

Ponsard.

L'homme et la femme ne sont pas égaux et ne pourront jamais le devenir.

De Bonald.

Quand même la femme ne soit pas, par elle-même, semblable à l'homme, il suffit qu'elle le soit dans l'ordre moral pour qu'elle revendique les mêmes droits que nous.

Jules Baissac.

Voulez-vous bien connaître la femme...
Figurez-vous un beau monstre qui éblouit la vue et heurte la raison ; qui plaît et déplaît ; qui est un ange à l'extérieur et un démon à l'intérieur.

Gherardi.

Protégée et nourrie par l'homme, la femme le paye par l'amour.

Michelet

La femme est un grand enfant qui s'amuse avec des jouets, s'endort avec des éloges et se laisse séduire par des promesses.

Sophie Arnould.

Ce que rêve une femme, c'est l'amour.
Sa seule politique, sa seule philosophie, sa vie tout entière se résument en un mot : *L'amour !*...

L. Peyronnet.

La femme est l'aiguillon du péché.

Saint Augustin.

La femme renferme dans son cœur, par excellence, l'amour providentiel.

Dr Réveillé-Paris.

Une légende orientale dit que Dieu tout bon ne pouvait faire du mal à l'homme ; mais il créa la femme pour le rendre malheureux.

L. Peyronnet.

La femme fut créée pour la conservation et le salut de notre espèce.

Félix Voisin.

Voulez-vous savoir ce qu'est réellement une femme voici : La femme est l'ennemie jurée de l'amitié, une peine lamentable, un mal nécessaire, une tentation naturelle et un péril domestique.

Parmi les bêtes féroces, il n'y en a pas une aussi dangereuse que la femme. En un mot, la femme est la nature du mal ornée de l'apparence du bien.

Saint Jean Chrysostome.

Les femmes sont douées d'une telle vivacité d'esprit qu'elles savent trouver tout ce qui nous échappe et souvent elles dépassent, par l'ardeur, l'homme le plus fort.

Boudier de Villemert.

L'intelligence de la femme est presque toujours sous l'influence de son tempérament, et son tempérament varie trente fois par mois, et souvent même trente fois à l'heure.

L. Loire.

La femme est une créature singulière, faible et puissante, belle et malheureuse, amie bienfaisante ou furie persécutrice ; c'est le mystère des mystères.

Henri Curozzi.

Il y a certaines femmes qui sont les ennemies jurées des hommes. Elles sont pour eux le plus terrible des fléaux.

L. Peyronnet.

C'est grâce à la prière d'une femme que le Créateur a pardonné aux hommes !..

Maudit soit celui qui en pense autrement !...
>> Des Livres Sacrés Indiens.

La flatterie perd plus de femmes que l'amour, et quand elles ne se donnent pas ce n'est pas leur faute, mais bien celle du flatteur.
>> Levis.

Le Ciel créa les femmes pour calmer la chaleur de nos âmes, adoucir nos douleurs et nous rendre meilleurs.
>> Voltaire.

François Ier avait fait inscrire sur la porte de sa chambre à coucher :

>> Souvent femme varie ;
>> Bien fol est qui s'y fie !

La femme est un ange descendu du ciel pour tenir compagnie à l'homme et le consoler.
>> L. Peyronnet.

La femme coquette veut plaire à tous excepté à son mari.
>> Thomas Paine.

La femme tremble même quand elle n'a rien à craindre.
>> Virgile.

Les femmes sont des sirènes perfides, dévorantes, dominées par la passion de l'or, elles pèsent à la balance de la Fortune : l'amour. Bien souvent elles précipitent dans l'abîme du mal celui qu'elles feignaient d'adorer.

IPÉRIDE.

Quel est le but de la Nature et des femmes ?... 1° Aimer ; 2° aimer un seul être ; 3° aimer toujours.

WEISS.

Parmi tous les corps de la nature, le plus pesant de tous est le corps de la femme que nous avons cessé d'aimer.

LEMONTEY.

La femme a le génie de la tendresse et du sacrifice.

L. PEYRONNET.

Le brillant des boutons dorés et des épaulettes tournent souvent la tête aux femmes.

PAUL FÉVAL.

La fidélité peut fatiguer l'homme ; mais la femme jamais.

BALZAC.

Le cœur de la femme est tellement tortueux que le

diable lui-même ne saurait deviner ce qui y rentre et à quelle dose.

GUERRAZZI.

Les hommes accomplissent les hauts faits ; les femmes les inspirent.

DE SÉGUR.

Les mots femme et Satan sont synonymes.

H. BAUZON.

— Femmes !... quel pouvoir vous avez sur nous !... Nous naissons vos amants et nous mourrons vos époux.

« Fascinés par vos beaux yeux, nous nous mettons à vos genoux.

Là où il y a une femme il n'y a pas de secrets.

PAUL FÉVAL.

L'amour est plus durable chez la femme que chez l'homme.

SHAKESPEARE.

La femme est comme les jouets d'enfants que nous jetons après nous en être servis pour nous amuser quelques instants.

G. DEL TESTA.

Sans la femme l'homme serait bête ; il ignorerait la grâce, le sourire et l'amour.
CHATEAUBRIAND.

La nature a doué la femme d'un sixième sens : la fausseté.
L. PEYRONNET.

L'amour chez la femme est sublime et noble.
MICHELET.

Ne crois ni à l'homme qui jure, ni à la femme qui pleure.
PROVERBE.

L'unique beauté qui convient à la femme est la pudeur.
SANIAL DUBAY.

La femme la plus angélique ne vaut pas ce qu'elle coûte, même quand elle s'offre pour rien.
BALZAC.

La beauté chez une femme est un enchantement invincible.
LOPE DE VEGA.

Pour une femme, il est inutile de faire son choix, car il n'y en a pas une de bonne.
PLAUTE.

La société, en faisant le partage, donna une part passive à la femme. Son empire est limité au seuil de la maison paternelle ou maritale. C'est dans la maison seulement qu'elle règne et fait oublier à l'homme ses fatigues journalières.

Compagne chère et soumise, la femme, conformément à la nature, doit encore être douce, tendre et obéissante à son mari ; ainsi elle sera aimée, adorée même, et très heureuse.

L. Peyronnet.

La seule valeur des femmes est la fausseté.

Charles Fourier.

Par le cœur, la femme est supérieure à l'homme. Le génie de la femme est dans son cœur ; celui de l'homme dans son esprit.

L. Seraine.

La femme veut toujours se faire photographier, non pas comme elle est, mais comme elle voudrait être.

De la Giraudière.

Une femme honnête jouit des douceurs de la vie, sans avoir recours au faste et au luxe. Elle a des manières douces qui nous forcent de l'estimer et même de l'aimer.

L'abbé Goussoult.

A celui qui veut se marier, je lui conseille d'y réfléchir pendant toute sa vie avant de prononcer le fameux mot : *oui!*

L. PEYRONNET.

La puissance de la femme sur son mari est sans limites et, s'il occupe une haute situation, elle peut faire beaucoup pour le bien ou pour le mal.

P. STAHL.

La femme est un labyrinthe, quand on cherche à la connaître on s'y perd, plus on l'étudie moins on la comprend.

LOMANACO FRANCESCO.

La patience est une vertu qui est spéciale à la femme.

J. JOUBERT.

Les femmes ne pardonneront jamais à ceux qui ne savent pas les flatter.

BAYLE.

Les femmes ont toute leur philosophie dans le cœur.

E. LEGOUVÉ.

L'apparence des femmes est aussi trompeuse que le reflet d'un objet sur la surface de l'eau.

L. PEYRONNET.

Celui qui épouse une bonne femme a trouvé un grand bien et se désaltérera à une fontaine de joie qui vient du Seigneur.

L'Ecclésiaste.

Quand quelqu'un me vante une femme comme aimable et me parle de l'amour qu'il a pour elle, il me semble voir et entendre un fou qui me fait l'éloge d'une vipère, me disant qu'elle est belle et qu'il est très content d'en avoir été mordu. La vipère ne fait que vous enlever la vie ; mais la femme vous enlève la liberté, le bon sens, le repos et vous laisse vivre en esclave. A mon avis on ne connaîtra bien la méchanceté de la femme qu'à la fin du monde car elle est insondable.

Marivaux.

Quand on a aimé une femme, son souvenir reste, pour toujours, gravé dans notre mémoire, comme une fleur disparue laisse une partie de son parfum.

L. Peyronnet.

Celui qui n'a pas vu la mer dans sa majestueuse fureur quand ses flots mugissants viennent se briser sur les écueils pour se transformer en écume ; qui n'a pas vu la foudre tomber sur une tour et la réduire en poussière ; qui n'a pas entendu les rugissements plaintifs que pousse la lionne blessée, rugissements qui vous brisent le cœur ; que celui qui n'a pas vu ou entendu cela vienne dans ma maison, il entendra très souvent les mugissements des bœufs, le bruit de la tempête, les vents, les tambours, les canons, le hibou, les éclairs, la foudre ; il entendra tout ce qu'il y a de plus terrible et violent dans l'enfer, le ciel, la mer et la terre.

Ma femme a tout cela dans sa tête.

PASSERAT.

Les imperfections de la femme tournent très souvent à son avantage. Ne lui faisons pas de reproches pour certains petits défauts qui la rendent plus aimable.

L. PEYRONNET.

La femme, bien souvent, sait qu'elle se trompe, mais elle ne veut pas qu'on lui dise : « Vous vous êtes trompée. » L'illusion prolonge son existence.

ERNEST PITAWAL.

La femme est l'âme de l'humanité.

VÉDA, auteur indien.

Ordinairement, dans le mariage, il y a cent journées de mauvaises pour une bonne.

BOILEAU.

La femme est la dernière parole du créateur, le chef-d'œuvre de l'univers, la félicité de l'homme.

CORAZZI.

L'enfer est pavé de langues de femme.

PROVERBE.

La femme est la maison ; la femme est la fortune.

LOIS INDIENNES.

Malheur à celui qui s'abandonne au cœur volage d'une femme ! Elle est traître et pleine de détours ; elle déteste le serpent par jalousie de métier.

VICTOR HUGO.

Nous croyons souvent qu'une femme est légère tandis qu'elle est très honnête et sage.

L. PEYRONNET.

Les femmes veulent vivre dans l'erreur et celui qui voudrait les en dissuader tomberait sûrement dans leur disgrâce.

F. BRUYS.

Celui qui fait épouser à sa fille un homme qu'elle n'aime pas est responsable, devant Dieu, de tous les crimes qui se commettent.

MOLIÈRE.

La femme répand une agréable odeur quand elle ne sent rien.

PLAUTE.

Les femmes deviennent fières et impérieuses quand elles sont heureuses en amour.

BALZAC.

Les femmes ont, je crois, plus que nous l'art de dominer et de dissimuler les impressions les plus fortes et les plus tendres.

LACRETELLE.

Les femmes veulent toujours qu'on les aime ; mais elles ne voudraient jamais aimer.

MONTREUIL.

— C'est vous, femmes, qui, faisant brûler de l'encens devant l'image de Vénus, et invoquant la mère de l'Amour, méritez souvent sa protection.

PINDARE.

Une femme qui est passionnée pour un homme, lui parle, même en se taisant.

L. PEYRONNET.

L'amant qui ne peut dépenser que des soupirs est payé avec l'espérance.

DE MÉRÉ.

Oh ! femmes, quelle puissance vous avez sur nous !... un seul de vos regards fait de nous des héros ou des génies.

A. GUYARD.

La femme est une abeille qui veut nous piquer sans avoir d'aiguillon.

ALEXANDRE.

Quand les femmes traitent un sujet elles le font avec tellement de tact que les hommes en sont stupéfaits.

BORDELON.

La femme raisonne peu et son discernement est tout sentiment ; à un argument que vous croyez incontestable, elle vous répond par un trait d'esprit ou de passion.

Les raisonnements que lui tiennent les autres l'ennuient ou la dominent. Il est donc très facile de la tromper par un sophisme, comme il est aussi très difficile, dans d'autres circonstances, de la persuader et de la convaincre avec un raisonnement logique.

PAUL JANET.

La femme possède, au plus haut degré, la sensibilité, la raison, le dévouement.

THOMAS.

Les hommes ont beau chercher à connaître les femmes, ils n'y arriveront jamais.

SANIAL DUBAY.

Un homme de trente ans séduit une jeune fille de quinze ans. Est-ce juste ?

BEYLE.

Les femmes, en général, ont le cœur vain, léger et accessible à la joie et à l'orgueil.
SIR TROLOPP.

A la maison la femme doit être la patronne et non la servante, en général, le rôle de l'homme est à l'extérieur.

Pour que l'homme se plaise au foyer domestique et n'en sorte pas si souvent, pour se livrer au jeu et à la boisson, la femme doit trouver le moyen de faire que sa maison lui plaise plus que celles des autres.
L. PEYRONNET.

Les femmes, en général, ont des yeux pour voir à travers les murailles, et des oreilles pour entendre ce qui n'a pas été dit.
SIR TROLOPP.

L'homme qui vit en compagnie d'une bonne femme en reçoit un certain vernis de douceur et de politesse.
ALEXANDRE.

Préparer des embûches est le premier souci d'une femme.
PROPERZIO.

Les femmes sont l'ornement de la littérature comme celui de la science ; leur aimable influence se fera toujours sentir partout.
JACOB.

L'art de pleurer est un talent que la femme la moins expérimentée possède au plus haut degré.

L. Peyronnet.

Sur les seins de la femme reposent l'esprit des peuples, leurs coutumes, leurs préjugés et leur gloire. C'est la civilisation du genre humain.

Mme de Rémusat.

Une femme qui est bonne et caressante pour tous ne l'est pas pour son mari.

L. Peyronnet.

La société dépend des femmes ; tous les peuples qui la méprisent tombent dans la misère.

Voltaire.

La mode est le ver solitaire des femmes.

L. Peyronnet.

Confie ta barque au vent, mais ne confie pas ton cœur à une femme, parce que l'onde est moins perfide que la femme.

Quintus Cicéron.

La femme est une fidèle compagne dans le plaisir, comme dans la détresse ; elle nous console dans nos malheurs, comme elle partage nos joies.

Plusieurs auteurs illustres ont écrit : « Oui, j'ai tout perdu, fortune et santé ; mais tu me restes, mon adorée, et c'est assez ! »

L. Peyronnet.

Protégée et nourrie par l'homme, la femme le nourrit avec de l'amertume.

D. Caron.

Le premier désir d'une femme mariée est de devenir veuve.

Saint Cyprien.

La science la plus utile et la plus honorable, pour une femme, est la science de la famille.

Montaigne.

Il est vrai qu'il y a des femmes vertueuses, mais elles sont, en général, si laides qu'il faut être un saint pour ne pas mépriser leur vertu.

Montesquieu.

Le cœur de la femme est si bien fait qu'il y a toujours un petit coin fertile que Dieu a consacré à l'amour.

Alexandre Dumas.

L'adultère de la femme et celui du mari sont-ils également coupables ? Oui, comme promesse non tenue ; mais sous mille autres rapports non : la trahison de la femme a mille suites qui ne se produisent pas chez l'homme. Elle rend l'homme ridicule et le fait montrer du doigt à tous ceux qui le connaissent ; elle l'expose à la mort ou à devenir assassin pour se débarrasser de son rival ; quand un nouveau-né viendra, à qui est-il ?

C'est comme si à la nuit tombante elle donnait la clef à un assassin.

Pauvre malheureux, tu nourris des enfants sans savoir s'ils sont à toi ou au voisin !

Que Dieu te bénisse ; mais moi je te plains.

V. MARTIAL.

L'homme le plus endurci au mal a toujours de bons sentiments à l'égard de son semblable ; mais la femme, au contraire, n'éprouve aucun sentiment de fraternité ; on dirait que son cœur a été pétrifié et qu'il ne bat plus que pour le mal.

MONPONT.

La femme qui aime est pour l'homme un précieux trésor ; elle est une véritable source de tendresse et d'amour.

L. PEYRONNET.

Comme dans les fleurs les plus belles nous trouvons souvent le poison le plus mortel, de même la femme qui est née pour être l'ornement de l'humanité est bien souvent le fléau du monde.

GRAMMAIRE CONJUGALE.

La résignation est la dernière parole de la femme quand après avoir épuisé tous les moyens elle se voit forcée à renoncer au bonheur.

Paul Janet.

Chargez-vous de conduire un gros navire à travers la tempête plutôt que de vous charger de conduire une femme.

Flechter.

Dans ce monde où tout se meut et se bouleverse il nous faut quelque chose pour nous retenir et nous attacher ; c'est le cœur d'une bonne épouse et de quelques chérubins.

L. Peyronnet.

Si vous entendez une femme parler mal de l'amour, dites simplement que son temps est passé et que sa beauté n'est plus.

Diderot.

La femme est un ange tombé, mais toujours plus près du ciel que nous.

G. Mazzini.

Les femmes, en général, sont plus vindicatives que les hommes, et presque toujours dans les cas terribles de vengeance, il y a derrière un cœur de femme qui pousse l'homme, le rend esclave et en fait un simple instrument de vengeance.

BAUTAIN.

La femme est le complément des œuvres de Dieu ; c'est le chef-d'œuvre de la création.

MIRABEAU.

Je compare le cœur de la femme à ces petites boîtes de bazar dont, en les ouvrant, on voit sortir un diable.

ALEXANDRE DUMAS PÈRE.

Quand une femme jeune, jolie, abandonnée, sans ressources, vous résiste, j'estime que c'est un acte de courage bien supérieur à celui de nos plus illustres guerriers.

L. PEYRONNET.

Il est plus facile de trouver un cygne noir que de trouver une femme fidèle.

JUVÉNAL.

L'amour est un poème entier dans la vie de la femme et un épisode seulement dans la vie de l'homme.

Mme STAEL.

Voulez-vous conserver votre tranquillité ? Tenez-vous bien loin des femmes.

J.-B. VIALLE.

A l'homme l'humanité, mais à la femme la tendresse et la piété ; le moindre cri déchire ses oreilles, la moindre plaie offense ses yeux.

De Ségur.

— Votre épouse est une rose, disait quelqu'un à un poète aveugle.

— Oui, répondit l'aveugle, je m'en suis aperçu aux épines.

L. Peyronnet.

Une femme sérieuse laisse les plaisirs aux enfants et aux toutes jeunes fillettes, pour chercher le bonheur.

P. Stahl.

L'un des plus grands malheurs pour l'homme c'est de se laisser conduire par une femme.

L. Peyronnet.

Par un noble destin, la femme est plus sensible aux douleurs des malheureux qu'aux splendeurs de la richesse.

L. Peyronnet.

La femme est inférieure à l'homme par l'intelligence et par la raison.

Bautain.

La pudeur doit suivre partout la femme honnête :

faire disparaître la pudeur dans les relations d'amour, c'est faire disparaître l'amour même.

L. PEYRONNET.

La femme étant gonflée de vanité ne pardonne jamais aux blessures faites à son amour-propre, blessures que souvent elle se fait elle-même.

Louis JOURDAN.

La femme qui est inférieure à l'homme par la force lui est supérieure par l'âme.

LAMARTINE.

Quelque chose qui paraît invraisemblable et qui cependant est bien vrai, c'est que beaucoup de femmes font mourir leur mari pour s'en débarrasser, afin de se jeter, librement, dans les bras d'un autre.

L. PEYRONNET.

Pour un brave homme la femme est le repos du travail et la consolation du mal.

LIVRES SACRÉS INDIENS.

La femme est l'ange du foyer ; sans elle pas de Patrie.

L. PEYRONNET.

La femme n'a que deux ressources en ce monde :

souffrir et faire souffrir ; souffrir quand elle aime et faire souffrir quand elle est aimée.

Bell Georges.

La résignation est la plus belle vertu des femmes.

Gérard de Nerval.

Dans le mariage il y a deux jours heureux : celui où la femme entre à la maison et celui où elle en sort morte.

Lemonnier.

En écoutant la femme vous diriez un ange tombé du ciel et qui a la voix du Paradis.

L. Peyronnet.

Si par hasard vous rencontrez une femme vraiment bonne, il faut vous demander comment un être mauvais par sa nature a pu devenir bon.

J. Martial.

Celui qui méprise les femmes méprise sa mère.

L. Peyronnet.

On voit des femmes mourir d'une maladie de poitrine, d'autres d'une maladie de foie, de vieillesse, etc., mais jamais une femme n'est morte de chagrin.

Jules Sandeau.

Il y a un temps dans la vie où tout ce que nous avons au cœur de futur héroïsme s'appelle amour et appartient à une femme.

OCTAVE FEUILLET.

Le Démon irrité contre Job lui enleva ses fils, sa nourriture et sa santé ; mais pour le tourmenter davantage et lui déchirer l'âme, savez-vous ce qu'il fit ? il lui laissa sa femme.

Mlle DE SCUDÉRY.

L'instinct d'une femme équivaut à l'intelligence d'un grand homme.

BALZAC.

La femme est peureuse, l'homme est courageux.

F. BRUYS.

Les femmes nous gouvernent, cherchons donc à les rendre parfaites.

SHÉRIDAN.

Chez la femme, les larmes et les évanouissements me font l'effet d'une garde mobile qu'elles mettent en marche quand la patrie est en danger.

L. PEYRONNET.

La femme est moins égoïste que l'homme puisqu'elle parle toujours de celui qu'elle aime et l'homme

ne parle presque jamais de l'objet de ses amours
Meilhan.

Un mari en troisièmes noces définissait la femme : une douloureuse nécessité.
L. Peyronnet.

L'explosion de la colère d'une femme est un spectacle épouvantable, mais subit et de peu de durée parce qu'elle est, par sa nature même, trop amoureuse pour conserver longtemps la haine.
L.-A. Martin.

La chimère et tous les animaux dont parle la Fable ne sont certainement pas des monstres à craindre autant que la femme ; certains héros ont vaincu ces monstres ; mais ils ont été vaincus par la femme.

La méchanceté du singe, la ruse du renard, la force du lion, etc., c'est ce que la femme emploie pour dominer l'homme.

L'homme se laisse prendre facilement par elle car au dehors elle ressemble à une douce brebis tandis qu'à l'intérieur c'est un loup.
Auguste Imbert.

L'homme est la personnification de la guerre, de l'esclavage ; la femme au contraire représente la paix, la liberté, la civilisation.
De Girardin.

Qui ne connaît pas les défauts des femmes ?

Elles sont extravagantes et indiscrètes, d'un esprit sauvage et de cœur fragile, faibles, imbéciles et surtout déloyales ; et malgré tout cela, tout ce qui se fait est pour cet animal.

Molière.

La femme sait donner à sa voix un ton si harmonieux qu'elle nous enchante malgré nous. Impossible de lui résister quand elle veut nous charmer.

L. Peyronnet.

La courtisane est la peste pour celui qui l'entretient.

Aristophane.

La femme est trop douce pour calculer froidement des moyens de vengeance ; sa fureur et sa sensibilité sont comme une lampe qui fait explosion.

Sainte-Beuve.

Il est fort rare de trouver une femme qui soit, en même temps, belle et sage.

Juvénal.

Une femme honnête a le droit d'être fière de sa vertu ; mais la vanité n'appartient qu'aux sottes.

L. Peyronnet.

La femme consent à se laisser aimer par l'homme pour deux motifs : par besoin et par vanité.

Eugène Pelletan.

Voulez-vous traiter un sujet avec ordre, clarté, esprit, finesse, etc., écoutez les femmes parler d'amour.

Lévis.

Le secret est pour les femmes un pesant fardeau dont elles cherchent à se débarrasser sans songer aux funestes conséquences de leur indiscrétion.

F. Bruys.

Comme la femme s'enivre du parfum de la rose, de même l'homme s'enivre du parfum de la femme.

Le cardinal de Metz.

Je voudrais que la nouvelle mariée mange des fruits parfumés avant d'habiter avec son mari, pour apprendre qu'elle doit toujours lui parler avec douceur et être pleine de complaisance pour lui.

Solon.

Pour représenter le mieux possible la beauté d'un ange, les peintres prennent pour modèle une belle femme.

L. Peyronnet.

La beauté de la femme est comme les odeurs ; elle est de courte durée.

M. de Lambert.

La beauté passe rapidement ; aussi les femmes raisonnables ne se fient pas à un bien si fragile.

Sénèque.

Une femme qui veut plaire à tous peut avoir le cœur pur, mais son intelligence est dégradée.

Thomas Pain.

L'amour d'une femme vaut plus que toutes les tendresses.

A. Basta.

Consulté par un jeune homme sur le choix d'une épouse, je lui répondis : « Si vous la prenez trop belle, vous ne serez pas seul à la posséder ; si vous la prenez trop laide, vous ne tarderez pas à en être dégoûté ; le mieux pour vous est donc de la prendre ni trop laide ni trop belle. »

L. Peyronnet.

Pour notre âme, les femmes sont comme le climat de Nice pour notre corps.

Balzac.

La femme est le plus grand de tous les maux.
Avec elle il est impossible d'être heureux.

Celui qui l'a sur les bras chasse difficilement la faim de la maison. Si la femme voit son mari content, elle le provoque par de mauvaises paroles. La femme la plus sage trompe son mari ; les voisins en rient et lui seul ignore son triste sort. A nous tous est réservé ce triste sort.

Simonide d'Amorgos.

Les femmes sont les chaînes de l'amour, et c'est avec leur main gracieuse qu'elles nous préparent des bouquets de fleurs sentimentales.

L. Peyronnet.

Dans la femme il n'y a pas de vertu solide.

Milton.

Que serait le monde sans la femme ?
Une lutte désespérée, un combat sanglant de l'homme contre la nature et de l'homme contre l'homme.

Lamennais.

La femme est plus crédule, plus jalouse, plus malicieuse que l'homme ; elle emploie des ruses que nous ignorons. Elle est inconstante, capricieuse et volage.

Sénèque.

L'amitié que nous inspire une femme est un sentiment plein de délices.

Droz.

La femme est une machine ridicule, la statue vivante de la stupidité. Si vous raisonnez avec elle, son regard tourne çà et là ; si vous insistez dans votre raisonnement, elle bâille derrière son éventail.

La vérité pour elle est une porte fermée. Le créateur en la formant avec un peu de limon a oublié l'intelligence.

Une ombre seulement tient la place de son âme dans son cerveau.

Lamennais.

Très forte et très agréable dans la jeunesse, l'amitié de la femme devient un enchantement idéal dans la vieillesse.

L. Peyronnet.

La femme est imbécile par nature.

George Sand.

Les femmes sont plus parfaites que les hommes.

Saint-Evremont.

Les femmes sont singulières dans leur manière de se venger, et quand leur vengeance est destinée à une autre femme, elles y mettent un raffinement et une cruauté extravagante.

Duflot.

Toutes les beautés de l'humanité sont résumées dans la femme.

L. PEYRONNET.

Les femmes sont toutes fatales au genre humain et même celles qui sont honnêtes rendent leur mari malheureux.

ESIODE.

Les Hébreux disent qu'au jour final la femme écrasera le serpent qui est le génie du mal.

GEORGE SAND.

Les femmes en général sont toutes traîtresses.

LANDAIS.

Regardons toujours la femme comme un être privilégié, un ange tombé mais qui conserve un reflet du ciel.

L. PEYRONNET.

La religion des femmes consiste ordinairemen à servir Dieu sans déplaire au diable.

OXENSTIERN.

Il n'est pas vrai que la femme soit plus inconstante que l'homme.

Elle est plus fidèle que lui et, si elle vient à être

abandonnée, ses larmes n'ont pas de fin et souvent la conduisent à la mort.

L. PEYRONNET.

La femme est un animal qui murmure, s'habille et se déshabille.

ANQUETIL.

Quand les beaux yeux d'une femme pleurent on dirait qu'elle sème des perles.

L. PEYRONNET.

Il n'y a pas d'animaux plus effrontés que la femme.

ALEXIS.

Qu'une femme gouverne un empire ce n'est pas un acte de non-sens ou contre nature car, vu sa faiblesse, elle est plus douce, plus modérée que l'homme brutal et féroce.

MONTESQUIEU.

Il n'y a pas au monde un être aussi intraitable que la femme. Nous devons la redouter plus que le feu et la panthère.

ARISTOPHANE.

La beauté est un acte de foi et une prière. Si Dieu a

créé de belles femmes c'est pour que l'homme croie en Dieu et aime la femme.

A. Esquiros.

Une femme belle et modeste est un phénix en ce monde.

Des Ormes.

Etre marié avec une digne femme est beaucoup plus conforme à la moralité que d'avoir une maîtresse.

L. Peyronnet.

Les murailles de l'enfer ont été construites avec des langues de femmes.

L. Peyronnet.

Les fillettes sont bien plus respectueuses que les petits garçons.

A. Vespucci.

Les deux défauts qui semblent inséparables de la femme sont la vanité et l'orgueil.

Monpont.

L'homme mauvais sera toujours sauvé par une brave femme.

Saint Paul.

La méchanceté est innée chez la femme.

HIPPOCRATE.

La femme, selon l'histoire de tous les temps, fut toujours l'ennemi mortel de la polygamie. Elle ne veut que l'amour d'un seul, mais il faut que ce soit un amour véritable et passionné.

L. PEYRONNET.

Il y a des hommes qui ont passé leur vie à chercher la pierre philosophale, mais je crois que personne n'a cherché où l'on pourrait trouver une femme parfaite : c'est que cette recherche serait longue et incertaine. La découverte d'une telle femme serait un trésor bien plus précieux que le secret de fabriquer de l'or.

PAUL AUGUEZ.

La femme fidèle est une couronne de gloire posée sur le front de son mari.

GUERRAZZI.

Nous femmes, nous sommes toutes de véritables hypocrites. Grâce à l'éducation que vous nous donnez, nous apprenons à vous tromper quand il nous plaît et, parmi nous, il n'y en a pas une assez aveugle pour ne pas vous faire voir que ce qui est blanc est noir.

Mme DU BARRY.

J'ai toujours considéré la femme non comme une épouse ou une amoureuse pour en faire une esclave, mais je l'estime comme une amie que Dieu nous a donnée.

BÉRANGER.

Pour être heureux avec les femmes, il faut les aimer toutes et ne s'attacher à aucune.

NOVESTOS.

La femme a été créée pour rendre l'homme heureux, le distraire et le consoler.

L. PEYRONNET.

Quand je pense qu'il y a des hommes assez courageux pour regarder une femme en face, lui serrer la main et lui dire : « Voulez-vous m'épouser ? » je ne puis faire que d'être stupéfait en voyant jusqu'où va l'audace humaine.

BEYLE.

La félicité du genre humain dépend de la femme.

L. PEYRONNET.

Toutes les femmes sont perfides, artificieuses, vaniteuses, curieuses et dépravées.

ALFRED DE MUSSET.

Quand un homme, à tort ou à raison, est condamné,

sa femme n'a qu'un désir : le suivre partout dans sa captivité, dans son exil et même à Cayenne, à perpétuité.

L. Peyronnet.

Celui qui a du succès près des femmes est un grand malheureux.

Arsène Houssaye.

Certaines femmes ont une jeunesse éternelle que l'on appelle : la gracieuseté.

Octave Feuillet.

Pour contenter une femme il faudrait être plus qu'un Dieu.

L. Peyronnet.

Le scandale et la brutalité chez les femmes proviennent souvent de la brutalité et de l'infamie des hommes.

George Sand.

La femme qui s'ennuie est capable de tout. On en a vu qui empoisonnaient leur mari pour se distraire.

Alphonse Karr.

La femme, même ignorante, a une certaine lucidité d'esprit dont les hommes ne sont pas doués.

L. Peyronnet.

Le célèbre docteur Silva, dans un voyage qu'il fit à Bordeaux, fut consulté par tous les habitants de la ville. Les plus belles femmes venaient à lui en procession et se plaignaient toutes de maladies de nerfs. Silva ne répondait rien et n'ordonnait rien.

Enfin poussé à bout il leur dit : « Ce n'est pas un mal de nerfs que vous avez, mais c'est un mal caduc. » Le lendemain pas une femme, dans Bordeaux, ne souffrait des nerfs, elles étaient toutes guéries.

F. Bruys.

Les femmes ne sont pas responsables de leurs fautes car ce sont les hommes qui en sont la cause.

L. Peyronnet.

Heureusement que la femme n'a pas de barbe ; ainsi l'a voulu la Providence, car elle n'aurait pas pu se taire pendant qu'on la raserait.

L. Peyronnet.

La vertu rend la femme plus belle ; la beauté à son tour donne un nouveau lustre à la beauté d'une femme aimable et sage.

Boudier de Villemert.

Celui qui a une mauvaise femme a le Purgatoire en ce monde et l'Enfer dans l'autre.

L. Peyronnet.

De toutes les passions c'est l'amour qui domine chez la femme ; pour cela l'homme ne peut lui être comparé.

DESMAHIS.

Quand une femme se marie elle jure obéissance, soumission, fidélité, etc., à celui qui l'épouse. Je n'ai jamais trouvé une femme qui ait tenu le quart de ses promesses. Au contraire j'ai bien remarqué que l'obéissance, la soumission et la fidélité ne sont plus de notre siècle. L'homme qui peut dompter sa femme est un rare phénix sur la terre.

DAMMERON.

La femme contribue mieux que l'homme à faire régner l'ordre dans la famille.

Mgr GRÉGOIRE DE BLOIS

La beauté de la femme est une tyrannie de courte durée.

SOCRATE.

Dans la colère d'une femme il y a toujours quelque chose de généreux. L'origine de ses petites colères est très souvent causée par la vue de l'oppression du faible par le fort.

P. STAHL.

La femme fière ne se dompte qu'avec le mépris.

EUGÈNE SUE.

Les hommes passent leur jeunesse à former leur esprit, les femmes l'ont tout formé en naissant.

JEAN-JACQUES ROUSSEAU.

Ruse, tromperie, imposture, voilà ce que la femme connaît à la perfection et ce qui forme son patrimoine.

PROPERZIO.

Les louanges qui touchent davantage les femmes sont celles qui s'adressent à leur esprit.

LORD CHESTERFIELD.

La femme belle mais sans grâce est un hameçon sans appât.

NINON DE LENCLOS.

La beauté d'une femme est le miroir d'une belle âme.

L. PEYRONNET.

Nobles ou plébéiennes toutes les femmes sont également dépravées.

JUVÉNAL.

Les femmes valent beaucoup plus que les hommes ; elles sont pleines de dévouement pour leur prochain.

Mme DE PUYSIEUX.

Pour être bien aimé d'une femme, il faut l'aimer très peu et lui promettre beaucoup.

RONSARD.

Les femmes sèment, dans la vie, le bonheur à pleines mains.

DUFFEYTE-DILHAN.

On peut dire avec raison que, parmi les bêtes, la plus dangereuse est la femme.

ANASSILLO.

L'Univers disparaît aux yeux d'une femme qui aime ; il n'y a pour elle qu'un homme au monde, celui qu'elle aime, et tous les autres disparaissent.

L. PEYRONNET.

Presque toutes les femmes sont esclaves de la vanité.

CARDINAL DE RICHELIEU.

Dans le monde entier on ne trouvera jamais une pierre aussi précieuse que la femme sage.

GUERRAZZI.

Les femmes, en général, repoussent le pauvre et reçoivent volontiers le riche.

ARISTOPHANE.

La femme est la créature la plus parfaite de l'univers ; l'homme ne peut vivre sans elle ; elle partage ses ennuis, elle est son bâton de vieillesse.

L. PEYRONNET.

La femme sacrifie tout à l'amour moins la vanité.

L. PEYRONNET.

Maintenant douce, puis impétueuse, timide, agitée et ayant le sentiment de sa faiblesse, elle est néanmoins susceptible d'un courage extraordinaire.

A. MEYER.

Si quelquefois les hommes disent du mal des femmes, celles-ci en disent bien davantage d'eux.

CHAMFORT.

Rien ne peut résister à l'éloquence d'une femme passionnée.

LA HARPE.

L'empire d'une femme mariée doit se terminer au seuil de la porte.

DUFOUR.

J'ai connu des femmes qui auraient donné leur vie plutôt que de perdre leur honneur et qui se sont prostituées pour sauver la vie de leur mari.

L. Peyronnet.

L'amour d'une femme n'est pas éternel ; si vous ne voulez pas savoir que votre femme vous est infidèle, hâtez-vous de mourir.

Pavillon.

La femme qui est bien sincèrement aimée se fait un vrai devoir d'aimer ; elle est heureuse même quand elle pleure.

L. Peyronnet.

Les femmes sont tellement fatales au genre humain que même celles qui sont honnêtes font le malheur de leur mari.

Esiode.

Quand la femme se fâche c'est qu'elle aime beaucoup.

L. Peyronnet.

Les femmes qui n'ont aimé seulement que leur mari sont plus rares que les pierres précieuses cachées au fond de la mer.

De Musset.

Dieu s'est repenti d'avoir créé l'homme mais pas d'avoir créé la femme.

Malherbe.

Quand la femme se met en colère elle est capable de tous les crimes, même de tuer l'enfant auquel elle a donné le jour.

F. Bruys.

L'amitié d'une femme est un besoin de son cœur et de son âme.

L. Peyronnet.

Les femmes font plus de cas de leur beauté que de leur esprit.

Mme de Rémusat.

Le cœur de la femme est comme un instrument de musique : il vibre selon le musicien.

L. Peyronnet.

Les femmes se jouent des hommes comme elles veulent, quand elles veulent et tant qu'elles veulent.

Balzac.

Quand le mariage est basé sur l'amour il est indissoluble, parce que l'un des bouts de la chaîne tient au ciel et l'autre à la terre.

L. Peyronnet.

L'homme qui a dompté une femme peut être un très bon dompteur ; mais qu'il se méfie que le lion endormi ne se réveille pas.

HOUSSAYE.

Personne ne connaît le cœur d'une femme et son angélique puissance.

A. VESPUCCI.

Une femme prostituée boit et jure comme un vagabond.

MICHELET.

En général, les femmes sont des victimes innocentes qui se sacrifient à des maris trompeurs.

REGNARD.

La femme belle et galante n'a pas un jour, pas seulement un quart d'heure pour être fidèle.

E. DUPATY.

L'épée des femmes, c'est leur langue, et comme elles s'en servent souvent elle ne risque pas de rouiller.

PROVERBE ANGLAIS.

Il m'est arrivé bien souvent de voir un moribond soigné par une femme et, en sortant, le cœur serré, je me disais : « C'est un ange que la Providence a envoyé près de ce mourant. »

L. Peyronnet.

Le cœur de la femme est fait de manière qu'elle éprouve de la répugnance pour ce qui lui est permis et un violent désir pour tout ce qui lui est défendu.

L. Peyronnet.

Un homme qui perd sa bien-aimée se suicide ou se console à la longue ; la femme, au contraire, ne se tue pas, mais elle dépérit lentement et meurt de tristesse et de chagrin.

Maureau de la Sarthe.

Vous avez beau dire, mais la femme est un mal nécessaire.

F. Bruys.

La femme a pour mission, sur la terre, de toujours souffrir et de toujours consoler.

L. Peyronnet.

Il y a des femmes qui couvrent leurs turpitudes par le masque de la vertu et qui sont estimées du monde quand elles devraient en être maudites.

P. Dufour.

Un cœur de femme, un cœur de mère ; c'est tout ce qu'il y a de plus grand, de plus désintéressé, de plus ardent sur la terre.

Aimé Martin.

L'homme se donne à bras ouverts à la femme, la femme se donne au diable.

Bauzon.

La femme, ange terrestre, ne vit que pour son mari et ses enfants ; elle s'oublie elle-même, si grand est son dévouement.

L. Peyronnet.

Dans l'histoire de la vie des femmes, le chapitre le plus long est celui de leur inconséquence.

Marivaux.

Les femmes consacrent leur vie à aimer leurs parents, leur mari, leurs enfants.

Drouineau.

Quand les femmes sont jeunes elles ont quelque chose de l'ange Gabriel, et quand elles sont vieilles c'est du Belzébuth.

Desnoyers.

Les femmes qui s'amusent avec l'amour sont

comme les enfants qui jouent avec des couteaux ; elles sont toujours blessées.

L. PEYRONNET.

Les femmes sont faites pour plaire, aimer et consoler ; celui qui obtient tout cela est heureux ; mais qui peut s'en passer est vraiment sage.

DE SCHOSNE.

La femme est tout ce qu'il y a de mieux dans l'humanité.

BALZAC.

J'ai tout regardé avec les yeux de l'âme et j'ai vu que la femme est pire que la mort. La femme est semblable au filet du chasseur, son cœur est une trappe et ses mains des entraves.

SALOMON.

Pour une femme, se savoir seule sur la terre avec celui qu'elle aime, ne voir que lui seul, c'est son plus grand bonheur.

BALZAC.

L'homme a beau faire des lois, voter et régner en apparence, il ne sera jamais le maître ; l'homme règne, mais la femme gouverne.

PONSON DU TERRAIL.

La vie des femmes est divisée en trois époques ; dans la première elles rêvent à l'amour, dans la deuxième elles l'éprouvent, et dans la troisième elles le pleurent.

Saint Prosper.

Prenez dix femmes et étudiez-les avec beaucoup de soin ; il est rare que vous en trouviez une bonne sur dix.

Skakespeare.

L'amitié entre femmes est plus rare qu'entre hommes ; mais j'aime mieux aimer une femme qu'un homme.

L. Peyronnet.

La femme est honnête par vanité, par vergogne et surtout par tempérament.

La Rochefoucauld.

Le cœur de la femme est toujours plein d'amour.

L. Peyronnet.

La femme est si peu considérée que, encore à l'heure actuelle quand une femme a mis au monde une fille, le Breton dit : « Ma femme a fait une fausse couche. »

E. Legouvé.

La première, la plus importante et la plus recherchée des qualités de la femme, c'est la douceur.

Jean-Jacques Rousseau.

La beauté est une tasse d'or pleine de mauvais vin.

Houssaye.

La femme est appelée dans la vie à remplir une mission vraiment sacerdotale.

A. Guyard.

Les femmes sont comme la mer en furie ; aujourd'hui elles seront tout amour, demain elles seront de glace.

Malherbe.

En général, l'homme cesse d'aimer quand il a satisfait ses désirs, la femme au contraire a beaucoup plus d'amour.

L. Peyronnet.

L'impression de l'amour sur le cœur d'une femme est comme une figure tracée sur la neige : un rayon de soleil suffit pour la faire disparaître.

Shakespeare.

L'amitié est une nuée transparente à travers laquelle on aperçoit l'amour de la femme.

A. GUYARD.

L'amour est le roi des jeunes femmes et le tyran des femmes âgées.

Louis XII.

J'aime Laure parce qu'elle est une énigme supérieure à tout ce qui est dans ce monde ; sa conduite et ses costumes sont une image de la vie du ciel. Si j'avais le malheur de la perdre, je dirai avec Lello, le plus sage des Romains : « J'aimais sa vertu qui vit encore. »

PÉTRARQUE.

Pour l'homme marié l'enfer n'est pas dans l'autre monde, mais bien dans celui-ci.

DEVILLE.

C'est près de la femme que nous passons les meilleurs moments de notre vie.

L. PEYRONNET.

L'ombre d'un homme vaut cent femmes.

PROVERBE.

Le cœur de la femme est un sanctuaire où brûlent

perpétuellement trois flambeaux : la fidélité, l'espérance et l'amour.
L. PEYRONNET.

La femme aimante dit toujours : oui.
La capricieuse dit : oui et non. La coquette ne dit ni oui ni non.
CHARLES DE BERNARD.

La femme est la lumière qui éclaire le monde.
PAUL FÉVAL.

Le mari qui, après plusieurs années de mariage, est encore aimé de sa femme mérite que la société lui décerne une médaille d'or.
L. PEYRONNET.

C'est sur l'amour de la femme que repose l'avenir du genre humain.
AIMÉ MARTIN.

La loi dit que la femme doit obéissance à son mari ; c'est pour cela qu'ils sont si peu obéis, car la femme est comme l'âne.
L. PEYRONNET.

Une femme qui est sérieuse et a de l'esprit cherche

toujours, pour se distraire, des hommes sérieux qui ne touchent pas à son cœur.

BOUDIER DE VILLEMERT.

La femme est un chef-d'œuvre avorté, une grande erreur de la création.

L.-U. TARCHETTI.

La femme est un précieux auxiliaire pour l'homme ; par sa grâce, par sa prudence, par ses bons conseils et ses caresses, elle l'aide à supporter le lourd fardeau de la vie.

L. PEYRONNET.

La femme est la grande plaie du cœur humain.

L'ECCLÉSIASTE.

Quand une courtisane aime, elle n'aime jamais à moitié.

DUFOUR.

La femme est une marchandise que l'on prend à ses risques et périls sans la faire estimer et que l'on ne connaît jamais assez même après s'en être servi. Se marier c'est s'exposer sur une mer houleuse sans craindre le naufrage. Que celui qui tremble en arrivant au port ne s'embarque point.

DESTOUCHES.

Aux yeux d'une jeune fille, celui qu'elle aime est un être exceptionnellement créé pour elle et que Dieu lui envie.

CHAUDESAIGNES.

Une femme qui a le don de parler peu est un vrai miracle de Dieu.

CORNEILLE.

Durant toute ma vie je n'ai jamais rencontré une femme indiscrète.

LE PRINCE DE LIGNE.

On peut aimer une femme sans être heureux ; on peut être heureux sans aimer une femme ; mais aimer une femme et être heureux ce serait un prodige.

BALZAC.

L'homme se fâche avec la femme qu'il n'aime plus. La femme abandonnée reste inconsolable.

L. PEYRONNET.

La femme se plaint souvent que l'homme est son plus grand ennemi. Ce n'est pas vrai. Les plus terribles ennemis de la femme sont : la dissimulation, la vanité et la méchanceté.

JOUSKY.

Dans certaines femmes vous remarquerez la simplicité naturelle qui ne vient que du cœur.

Labruyère.

Les femmes sont plus rusées que nous le pensons, elles veulent comme amant un homme qui ait de l'esprit et comme mari un homme qui ait très peu d'esprit.

Masson.

Une femme de maison est une couronne pour un mari.

L'Ecclésiaste.

On a découvert des remèdes contre les morsures de tous les animaux féroces et des serpents ; mais contre les morsures de la femme, bien plus dangereuses que celles de la vipère, on n'a encore rien trouvé d'efficace.

L. Peyronnet.

Le réveil de l'âme donne au visage d'une femme une empreinte de divinité.

Savini Médoro.

Pour la femme il n'y a pas de milieu ; elle aime ou elle déteste.

Publio Siro.

Tout ce que la femme veut entreprendre elle le fait.
> BOUDIER DE VILLEMERT.

La femme même douée d'une très grande intelligence reste toujours une bête.
> PAUL FÉVAL.

La modestie est une qualité si précieuse chez la femme que nous faisons tout notre possible pour la lui ravir.
> LINGRÉ.

Il y a des femmes qui ont vingt ans pendant la journée et cinquante pendant la nuit.
> BREBEUF.

Quand il n'y a pas une femme le malade languit.
> SALOMON.

J'ai toujours cru que la femme est, pour l'homme, une infirmité insupportable.
> GOLDONI.

Quels que soient les habitudes d'un pays et ses lois, les femmes décident des coutumes ; libres ou esclaves elles règnent, parce qu'elles tiennent leur pouvoir de nos passions.
> AIMÉ MARTIN.

Une femme sans âme surpasse en infamie dix hommes sans cœur.

Henri Kock.

L'amour maternel renouvelle entièrement l'être qui l'éprouve. Cet amour fait que souvent une femme frivole devient très sérieuse.

E. Legouvé.

Les femmes s'allient, se défendent, se soutiennent, bien souvent elles entreprennent une croisade contre les hommes et elles trouvent cela très naturel. A l'homme donc de se défendre.

Ponson du Terrail.

Une femme de Sparte avait cinq fils dans l'armée et attendait avec anxiété des nouvelles de la bataille à laquelle ils devaient prendre part. Arrive un esclave qui lui dit : « Vos cinq fils ont été tués. — Vil esclave, lui répondit-elle, qui t'a demandé cela ?... Nous avons remporté la victoire, c'est assez. » Et cette pauvre mère alla au temple rendre grâce aux dieux.

Voilà une citoyenne !

Jean-Jacques Rousseau.

La femme devient un ange quand le diable n'en veut plus.

Houssaye.

Oh ! femmes, écoutez ce conseil : celui qui vous admire vous trompe et celui qui vous fait admirer vous aime.

Mme DE GIRARDIN.

La femme est la porte de l'enfer, la voie de l'iniquité, la morsure du scorpion, un génie malfaisant.

L. PEYRONNET.

Si les femmes savaient de quelle manière nous les aimons, elles ne nous aimeraient jamais.

P. STAHL.

La beauté d'une femme peut être comparée à la beauté d'une fleur ; l'une et l'autre vieillissent et disparaissent bien vite.

VOLTAIRE.

Une femme belle et vertueuse est de beaucoup supérieure à la femme belle et prétentieuse.

PYTHAGORE.

Toutes les iniquités de l'homme viennent de la femme.

L'ECCLÉSIASTE.

Il n'y a pas de femmes insensibles ; tant qu'elles vivent elles ont du cœur.

L'ECCLÉSIASTE.

La meilleure des femmes est toujours pleine de malice ; il semble qu'elle a été créée pour damner l'homme.

Molière.

La véritable mission de la femme est d'être la consolatrice et l'inspiratrice de l'homme.

L. Peyronnet.

L'homme qui se marie se met dans la plus triste des situations.

La Fontaine.

Une femme convenable étudie beaucoup plus sa conduite que celle des autres ; elle se juge inexorablement et ne se pardonne rien ; toute la sévérité est pour elle et toute l'indulgence pour les autres.

L'abbé Goussault.

La femme est de la famille du milan ; lui faire du bien c'est perdre son temps.

Petronio.

C'est la femme qui anime la nature, qui forme l'enchantement de la terre. Elle est la source de la beauté et de la gentillesse.

François Lomanoco.

Si Argus avec cent yeux ne fut pas capable de garder sa vache, comment voulez-vous qu'avec deux yeux seulement un mari garde sa femme ?

THIBAULT.

Les hommes ont usurpé l'empire sur les femmes par la force brutale ; mais elles le reprennent par la beauté quand elles savent s'en servir.

ALPHONSE KARR.

L'amour d'une femme me fait plus de peur que la haine de cent hommes. Socrate était de mon avis et je prends cette maxime pour un axiome de sagesse.

SAVINI MEDORO.

La bonté est une vertu essentiellement féminine.

L. PEYRONNET.

La femme est comme un anneau que l'on fait circuler dans la société et que tout le monde se met au doigt.

DORAT.

Voyez une femme malade, on dirait que la Providence lui a accordé un don tout à fait spécial.

L. PEYRONNET.

Ne croyez pas facilement aux jurements d'une femme gentille et belle car il est fort rare qu'elle les tienne.

TALAIRAT.

Si la douceur n'est pas la principale vertu de la femme elle est bien, au moins, la cause de son bonheur.

AIMÉ MARTIN.

Pas une femme ne doit entrer au ciel car l'Eternel ne saurait, sans offenser et violer la loi et la justice, recevoir celles qui ont damné toute la terre.

DESTOUCHES.

L'imagination d'une femme est très ardente et fertile ; elle sait tout embellir ; mettez-la dans une maison même très pauvre, elle vous en fera bientôt une demeure agréable.

L. PEYRONNET.

L'homme doit toujours se méfier d'une femme trop pensive, car, comme dit le proverbe : « Femme qui pense, pense sûrement au mal. »

L. PEYRONNET.

L'instinct des femmes vaut beaucoup plus que l'esprit des hommes.

SANIAL-DUBAY.

La vie d'une femme n'est qu'une longue maladie.

A. CACCIANIGA.

Une génération qui n'est pas formée par des femmes de mérite est une génération barbare.

MICHELET.

Le cœur de la femme est un abîme si profond que seul l'œil de Dieu peut y pénétrer.

F. FÉVAL.

Les esprits légers blâment et méprisent la femme ; les lois sociales sont contre elles : pauvres elles sont condamnées au travail ; riches elles sont obligées à la retenue et au maintien. Il semble que Dieu lui ait donné, ici-bas, toutes les souffrances, tous les martyres, pour lui donner, ailleurs, toutes les couronnes.

VICTOR HUGO.

Depuis Ève jusqu'à nos jours les femmes n'ont fait que du mal.

LORD CHESTERFIELD.

Quand une femme vous parle vous croyez entendre une voix mystérieuse, la voix d'une déesse.

L. PEYRONNET.

Quand la vengeance d'une femme commence elle ne finit plus.

PROSPERZIO.

La femme est capable de tous les sacrifices, mais elle a tellement de cœur que quand elle est malade elle souffre beaucoup plus que l'homme.

L. PEYRONNET.

La femme est, par sa nature même, inconstante et variable ; elle ne sait pas si elle aime ou si elle hait.

C. GALLO.

Les femmes sont douées d'une grande pénétration d'esprit pour juger les personnes ; elles connaissent, pour ainsi dire, le nombre de pulsations de leur cœur et devinent les secrets les plus cachés.

E. LEGOUVÉ.

Le premier désir d'une femme c'est d'être coquette pour plaire.

L. PEYRONNET.

La femme est vraiment faite pour être la compagne de l'homme.

VICTOR COUSIN.

La femme a beaucoup de ressemblance avec le

démon ; l'un tente les pêcheurs, l'autre tente les amants ; l'un satisfait nos désirs, l'autre enchante nos yeux ; tous les deux trompent nos cœurs par des promesses vagues.

Pour avoir un accord parfait il faudrait marier les femmes avec le diable.

DESPORTES.

Chez la femme la pudeur est une véritable source de grâce.

L. PEYRONNET.

La jeune fille est un vrai malheur pour une famille. On a soin de bien l'habiller, de bien la parer, comme l'on fait pour une pilule amère pour la faire avaler.

PANARD.

La femme a sur l'homme une supériorité incontestable !... son parfum suave nous enivre, ses yeux nous fascinent, son esprit nous enchante.

L. PEYRONNET.

Garder le secret pour une femme, c'est un contre sens.

GRECOURT.

La femme est l'ami naturel de l'homme.

DE BONALD.

La femme est changeante et folle ; malheur à qui lui confie son cœur.

François Ier.

Dieu a créé la femme pour l'ornement de l'humanité, pour adoucir les misères de la vie humaine.

G. Olivier.

Les femmes savent plaire et séduire, elles savent aimer mieux que nous ; leur langage est plus doux, leur sourire plus gracieux ; mais, pour tout dire, elles sont plus trompeuses que nous.

Hoffman.

La femme est la cause de tout ce qui se fait de bien.

Lamartine.

L'âme de la femme ne peut être d'une autre nature que celle de l'homme.

Ribailler

La femme est inconstante comme les vagues de la mer ; elle est calme, puis houleuse. Le matin elle est gentille, séduisante ; le soir elle est fière, mélancolique ; c'est un démon.

Anceaume.

La femme qui aime son mari et ses enfants a beau être laide elle est l'ornement de la maison.

L. Peyronnet.

La femme est un être accidentel et manqué.

Saint Thomas.

Les femmes ont le jugement plus précoce que les hommes.

Jean-Jacques Rousseau.

La puissance de la femme sur elle-même est telle qu'elle commande même à ses larmes.

L. Peyronnet.

Le mot amitié est très usité chez la femme ; mais il est faux.

Sainte-Beuve.

C'est dans le cœur de la femme que résident la candeur et la vérité.

L. Peyronnet.

Les sacrements sont d'une grande importance. Savez-vous combien il y en a ?... Oui, sept. Mais non ; il y en a seulement six puisque, maintenant, la pénitence et le mariage ne forment plus qu'un seul sacrement.

MILLEVOYE.

Si les femmes n'avaient pas quelques défauts, nous ne saurions pas comment les prendre ni comment les laisser.

P. STAHL.

Toutes les femmes ont le cœur plus ou moins libertin.

POPE.

Les sages de la Grèce disaient que dans l'univers on ne trouve que deux belles choses : les femmes et les roses ; que deux bonnes choses : les femmes et le vin.

L. PEYRONNET.

Les femmes amoureuses dorment peu, elles rêvent toujours et sont toujours distraites.

PROVERBE RUSSE.

L'Eternel fit de la femme notre enchantement, notre trésor le plus précieux et notre ami le plus fidèle.

L. PEYRONNET.

— Pour toi, ô femme ! on fait la guerre ; pour toi les sages perdent la raison ; pour toi des milliers d'hommes ont été martyrisés, des villes brûlées, des riches devenus pauvres, de beaux garçons devenus vilains, des hommes forts devenus faibles.

« En un mot tu es la perdition du genre humain.

Saint Jean Chrysostome,

Dans notre jeunesse la femme est notre charme, dans notre vieillesse elle est notre soutien.

L. Peyronnet.

Certaines mères perdent leurs filles par le mauvais exemple qu'elles leur donnent ; d'autres, ce qui est pire, vendent leurs filles.

Maillard.

Les femmes possèdent dans leur cœur un immense trésor puisqu'elles donnent tout ce qu'elles peuvent et même à leurs ennemis.

Méry.

Excepté ma mère je déteste toutes les femmes.
Euripide.

Les femmes qui ont été douées du don de prophétie ont toujours eu de meilleures inspirations que les hommes.

Agrippa.

Le triomphe de la femme ne consiste pas seulement à épouser son persécuteur, mais à l'adoucir et à lui faire remettre les armes.

J. Joubert.

La femme est la reine de toutes les créatures ; elle en forme la perfection, l'ornement et la gloire.

Agrippa.

Quel est l'homme qui éprouvera une seule fois ce que peut souffrir le cœur d'une femme !

Mme Stael.

Oh ! femmes, par vos beaux yeux, par tous vos attraits, vous êtes des anges que nous hommes nous désirons ravir au ciel.

L. Peyronnet.

Qui pour aimer cherche une rose n'est autre qu'un papillon.

Rivarol.

Les larmes chez la femme sont une grande puissance qui fait triompher leur faiblesse.

Aimé Martin.

La réputation d'une femme peut être comparée à

une glace qui brille mais qui est toujours fragile.

DESNOYERS.

La femme ayant été faite pour l'homme est la créature la plus harmonieuse qui soit sortie des mains de Dieu.

L. PEYRONNET.

Il arrive un moment où les femmes qui ont été galantes, jadis, se plaignent du siècle présent.
C'est tout naturel elles ont perdu leurs belles formes et leurs appas.

COUPART.

L'âme d'une jeune fille est comme une rose. Enlevez un pétale et tous les autres tombent.

JEAN PAUL.

Les femmes sont meilleures que nous ; leur cœur est si tendre que faire plaisir est pour elles un véritable besoin.

L. PEYRONNET.

La femme est un tyran domestique ; le lit conjugal est un théâtre éternel de discorde ; tout est pour l'amant, rien pour le mari.

JUVÉNAL.

La femme est la fleur de l'humanité ; créature angélique, dont la beauté et la grâce sont un mystère de la nature et l'enchantement de notre vie ; elle est le dernier mot de la création !

L. Peyronnet.

Où avez-vous lu que l'amour est une belle chose ?
Pour moi dans le monde entier je n'entends qu'un seul cri : « L'amour est une folie. »

E. Murger.

Les femmes sont capables de faire tout ce que nous faisons. La seule différence c'est qu'elles sont plus fidèles et plus aimables.

L. Peyronnet.

Il y a des femmes qui sont habillées comme des princesses pour se montrer en public : le dessous est aussi sale que les chaussettes d'un facteur.

G. Murot.

Une femme intelligente comprend bien vite les choses les plus difficiles.

Schiller.

Toutes les femmes qui aiment devinent la pensée de l'aimé.

Sir Troloppo.

La femme est une créature privilégiée, aimée et même adorée, par l'homme.

        J. GARIBALDI.

L'homme qui se marie est comme un oiseau que l'on met en cage.

Des maris il n'en faut plus.

        Mme SCUDÉRY.

La femme est un être libre, égale à l'homme dont il est la sœur.

Ayant les mêmes droits que lui elle devrait aussi prendre part à la vie industrielle et commerciale.

        L. PEYRONNET.

Seule la femme sait rétablir les richesses dissipées ; seule elle sait transformer une vie commode en une vie riche ; une vie réduite en une vie large.

        E. LOUVÉ.

Les femmes pourraient en quelque sorte se passer de nous ; mais nous ne pouvons pas nous passer d'elles. Si la femme est un mal comme beaucoup le disent, c'est un mal dont nous ne pouvons nous dispenser.

        L. PEYRONNET.

C'est par les femmes que la corruption pénètre chez les peuples.

F. Lomanoco.

La perfection du corps de la femme nous prouve que son âme est aussi parfaite.

L. Peyronnet.

La femme fut créée par Satan pour la perdition de tous les hommes, elle est cause de tous nos déplaisirs et bien plus à craindre que le feu, la faim, la peste et la guerre.

Trompeuse, va chez le diable d'où tu viens !!

L. Peyronnet.

Pendant que les hommes lisent dans des livres ordinaires, les femmes lisent dans le grand livre de la nature.

Diderot.

Chez une femme la timidité est très aimable et la fait aimer.

Prince de Ligne.

Les femmes ne pensent qu'aux chimères de l'avenir et aux fantômes du passé ; leur vie est comme un zéphir qui souffle et passe.

Houssaye.

En ce siècle la vertu d'une femme est comme un être hétérogène contre lequel tout conspire.

DUCLOS.

Si vous prenez une épouse qui soit belle elle vous trahira ; si elle est laide, elle vous répugnera ; si elle est pauvre, elle vous ruinera ; si elle est riche, elle vous dominera ; si elle est ignorante elle vous ennuiera ; si elle est savante ce sera encore bien pire ; si elle est vieille, elle vous déplaira bientôt ; si elle jeune et gentille, cornard elle vous fera.

PONSARDIN-SIMON.

La femme qui n'écoute ni les flatteries, ni les louanges de n'importe qui est à l'abri de la séduction.

RICHARDSON.

La femme est le plus solide appui du genre humain.

L. PEYRONNET.

Il y a dans la femme une étincelle céleste qui brille au moment de notre adversité.

L. PEYRONNET.

L'esprit chez une femme mariée ne lui sert qu'à tromper son mari et trouver le moyen de l'induire en erreur.

NESTE.

La femme porte à l'excès le sentiment et les passions ; Marie-Madeleine personnifie le repentir ; sainte Thérèse, la dévotion ; Jeanne d'Arc, l'enthousiasme patriotique.

Alexandre Mayer.

La plus grande douleur pour une femme est de perdre la jeunesse et la beauté. Volontiers elles se donnent à Dieu quand Satan n'en veut plus.

Voltaire.

La femme sage cherche la paix et le bonheur dans sa famille ; elle fuit tous les plaisirs pour se consacrer à l'entretien de sa maison dont elle est fière, de son mari qu'elle adore et de ses enfants qu'elle vénère.

L. Peyronnet.

L'oisiveté est l'ennemi le plus redoutable de la femme ; il obscurcit son intelligence, lui ferme le cœur aux sentiments généreux et fait disparaître tout ce qu'il peut y avoir chez elle de bon.

Maria del Pilar.

Tous les raisonnements d'un homme ne valent pas un sentiment d'une femme.

Voltaire.

La femme est l'âme de la maison ; sans elle il n'y a pas de vie possible.
L. Peyronnet.

Les femmes sont bien plus affables en public qu'à la maison.
Tite-Live.

On veut que les femmes ne soient pas aptes aux études comme si leur âme n'était pas comme la nôtre.
L'abbé Fleury.

Quand une femme n'aime pas elle a le sang-froid d'un vieil avocat.
Balzac.

Nous qui sans cesse méprisons les femmes, nous sommes toujours les instigateurs de leurs fautes, leurs complices et leurs juges.
De Neuville.

L'étude qui plaît et absorbe le plus la femme : c'est la mode.
Beauchêne.

Rien ne peut égaler la sensibilité d'une femme réellement pénétrée d'amour ; l'homme n'aime pas avec la même affection ; il est impétueux et violent ;

la femme est toujours plus douce et plus sensible.

L. Peyronnet.

Les femmes sont comme les tapis ; plus on les frappe, plus elles sont douces.

L. Arlechino.

Il n'y a rien de plus touchant que les larmes d'une femme.

L. Peyronnet.

La femme est l'enfer de l'âme, le paradis des yeux, l'aube des ennuis, la tombe des spasmes, le purgatoire des bourses bien remplies.

Corval-Sonnet.

La femme a beaucoup d'affection pour les enfants et pour les malades ; aux moindres cris elle se porte à leur secours.

L. Peyronnet.

Oh ! Jupiter ! pourquoi as-tu mis sous le ciel les femmes ?

C'est le fléau du genre humain, la cause de tous les maux.

Euripide.

La femme tient dans ses mains l'œuvre de l'avenir; elle remplit la plus difficile et la plus noble des fonctions.

De Girardin.

Quand une femme cesse d'aimer il n'y a plus de retour.

Jean-Jacques Rousseau.

La femme est plus tendre et plus compatissante que l'homme. La miséricorde est encore une vertu qui lui est propre.

L. Peyronnet.

Quand chez la femme les deux genoux sont bien unis on peut dire que « l'union fait la force ».

De fait, tant que les genoux sont unis elle est invincible ; mais cela se produit bien rarement.

Lamontay.

La femme tient l'homme par la sympathie et l'enchante par le plaisir qu'elle lui procure.

L. Peyronnet.

Si vous voulez garder l'honneur de vos filles en employant des clefs et des chaînes, faites-le avant que leur cœur ait parlé; après vous fermeriez la cage quand l'oiseau s'est envolé.

Scribe.

Quand le ciel créa la femme il répandit sur elle tous ses trésors pour la beauté de son âme et de son corps, afin qu'elle fût l'image du ciel.

L. Peyronnet.

Les larmes des femmes sont un supplément de malice ; elles pleurent pour mieux mentir.

P. Siro.

Ce sont les femmes qui forment les hommes. Donnez donc une éducation soignée à la femme.
Si l'auteur de la nature avait voulu que l'éducation fût dévolue aux hommes, il leur aurait donné du lait pour allaiter les enfants.

Jean-Jacques Rousseau.

La plus grande partie des femmes passent leur vie à se dépouiller de leurs fruits. Le fruit défendu a pour elles une telle attraction qu'elles ne veulent pas mourir sans y avoir donné un coup de dent.

O. Feuillet.

De la culture intellectuelle de la femme dépend la science de l'homme ; c'est elle qui nous la grave dans le cœur.

L. Peyronnet.

On ne saurait être longtemps l'ami d'une femme quand on est appelé à devenir son mari.

BALZAC.

Pour une femme réellement honnête la vue d'un homme ne fait pas plus d'effet que la vue d'une statue.

MONTAIGNE.

La femme qui sait rester chaste, dans notre siècle de corruption, est aussi héroïque que César, Alexandre et tous les grands guerriers.

L. PEYRONNET.

Si par tempérament les femmes sont dangereuses en politique, elles sont supérieures à l'homme par l'administration.

MICHELET.

Un mari qui tyrannise sa femme est un homme vil, sans cœur, barbare que les lois devraient punir sévèrement.

L. PEYRONNET.

Les femmes possèdent, au plus haut degré, le vice de la médisance.

F. BRUYS.

La femme est l'ange de la famille.

L. PEYRONNET.

La première chose que fait une femme qui veut se faire courtiser c'est de mépriser son mari.

PONSON DU TERRAIL.

La femme épouse et mère est le chef-d'œuvre de l'humanité.

L. PEYRONNET.

Les femmes ! Je ne puis m'empêcher de les détester. Qu'elles soient maudites !

La terre et la mer n'ont pas produit de monstres aussi épouvantables.

Prenez une femme et, huit jours après, vous me direz si j'ai raison.

EURIPIDE.

Il n'y a pas de douleurs que la femme ne sache adoucir.

L. PEYRONNET.

La femme est rarement cœur, elle est fantaisie toujours.

SAVINI MÉDORO.

Dans tous les temps les peuples mauvais ont méconnu les droits sacrés de la femme pour en faire une esclave.

ALEXANDRE MAYER.

La femme est le plus grand mal qui existe en ce monde.

THÉOCRITE.

La femme seule connaît le chemin du cœur et le secret des passions ; c'est un aimant irrésistible.

L. PEYRONNET.

Dans un naufrage la femme se sauve toujours ; c'est une tempête qui vous calme; une prison où on est libre, un combat où l'on est vainqueur ; si elle a l'air de vous aimer, elle vous trahit ; si elle pleure elle veut vous tuer.

CARDINAL DE PALERME.

Les femmes chastes n'ont que des amies parfaites.

P. STAHL.

Les femmes n'ont pas besoin d'étudier les hommes puisqu'elles les devinent.

L. PEYRONNET.

Comme les peuples, les femmes n'aiment que ceux qui leur en imposent.

HENRI KOCK.

Elles savent où se trouvent les sourires, elles ont une baguette magique pour nous tirer des larmes.

L. Peyronnet.

Les femmes remplacent dans la vie tous les vides.

Schiller.

Les plus belles qualités d'une femme n'ont aucune durée.

P. Stahl.

Parmi les femmes, même les plus corrompues, il reste un rameau de virginité que l'homme peut toujours faire fleurir.

L. Peyronnet.

La femme est plus changeante que le vent, plus infidèle que la mer, plus cruelle que le tigre, plus bavarde que la cigale, plus coureuse que la chienne, plus maligne que le renard, plus fière que le paon, plus fausse qu'une chatte, plus dangereuse qu'une vipère et plus à craindre que la mort.

L. Peyronnet.

Dans une seule larme d'une femme se trouve bien souvent l'honneur d'un homme et quelquefois la destinée d'un peuple.

Octave Feuillet.

Roméo compare les yeux de Juliette aux étoiles : « Si tes deux beaux yeux étaient à la place des plus brillantes étoiles, personne ne pourrait s'apercevoir de leur absence et les oiseaux continueraient à chanter toute la nuit dans le feuillage. »

SHAKESPEARE.

Un mari qui martyrise sa femme n'a pas le droit d'en exiger des sentiments d'amour.

THOMAS PAINE.

Les femmes sont plus fidèles que les hommes bien que souvent les maris leur donnent le mauvais exemple.

SCHILLER.

En général les hommes disent beaucoup plus de mal des femmes qu'ils n'en pensent.

L. PEYRONNET.

La femme est la quatrième vertu théologale et le huitième péché mortel. Semblable à l'ange infernal elle se souvient du ciel et travaille pour l'enfer ; elle fut commencée par Dieu et terminée par Satan.

A. HOUSSAYE.

Quand dans la vie de l'homme tout est brisé, toute joie, toute espérance est disparue, un ange de bonté qui ne vit que de parfums veille encore près de lui : c'est la femme.

L. Peyronnet.

Une femme abrutie vous inspire le mépris et vous bouleverse le cœur.

Silvio Pellico.

La femme étant écartée de toute participation à la vie civile, son rôle social est borné, à tort, à la maternité.

L. Peyronnet.

Beaucoup de jeunes filles se marient avec le premier venu, pour s'amuser, ensuite, avec sécurité, avec celui qui leur plaît mieux.

Sauval.

Une femme voit mieux que l'homme le plus rusé.

Bournefeld.

Les femmes sensibles vivent dans l'essence de l'amour comme dans une atmosphère naturelle, bienfaisante et nécessaire.

De Bernard.

Sur cent femmes il n'y en a pas une de bonne.

Mouchot.

Quand un homme est bouleversé, ennuyé, c'est seulement sur le sein d'une femme qu'il trouve le repos et la consolation.

L. Peyronnet.

Depuis Eve jusqu'à nos jours tous les malheurs nous viennent des femmes.

Dufour.

Les femmes ne voient jamais les défauts des hommes qu'elles aiment.

L. Peyronnet.

L'honneur des femmes est comme le champagne ; on a beau bien le boucher et le surveiller, un jour il saute.

Panard.

Quand les femmes entreprennent une affaire elles réussissent aussi bien que les hommes. Dans la classe ouvrière la femme fait autant de travail que l'homme.

Mittermayer.

La plus grande vertu d'une femme est de remplacer le père près des enfants quand celui-ci est absent.

Goethe.

Dans tous les temps et dans tous les pays les mauvaises femmes ont voulu commander à la maison.

DUFRESNY.

Une bonne mère n'éprouve d'autres plaisirs que ceux qu'elle éprouve avec ses enfants ; les jouissances de la vie, sa vie même, elle sacrifie tout pour eux. Sa santé, ses tribulations ne sont rien quand elle songe à ces petits êtres.

L. PEYRONNET.

La femme est bien inférieure à l'homme pour la vertu, mais elle lui est supérieure par la malice.

EURIPIDE.

La femme insensible est celle qui n'a pas encore vu celui qu'elle doit aimer.

LA BRUYÈRE.

Les souffrances de l'enfer me paraissent plus faciles à supporter que celles que vous fait endurer une mauvaise femme.

LA CHAUSSÉE.

La colère des amants ressemble à un orage d'été qui ne fait que rendre la campagne plus verte et plus belle.

Mme NECKER.

La femme est la porte du diable, la voie de l'iniquité, la morsure du scorpion, le génie le plus nuisible.

ORIGÈNE.

Pour ne pas se laisser séduire, la femme a dix fois plus de vertu et de mérite que l'homme.

L. PEYRONNET.

La femme par le brillant de ses yeux nous envoie des germes de mort.

CARDINAL DE PALERME.

Les grands sacrifices du cœur se rencontrent surtout chez la femme.

DUCLOS.

Il est certain que l'amour d'un homme est passager et celui de la femme définitif.

L. PEYRONNET.

Celui qui veut plaire à Dieu doit fuir scrupuleusement la femme.

L'ECCLÉSIASTE.

L'homme dès sa création eut pour voile son innocence ; mais la femme, de peur que sa beauté ne lui procurât des extases, faute de voiles, se couvrit avec une feuille.

DE SÉGUR.

Toutes les femmes peuvent être belles, même celles qui nous semblent laides; elles cesseraient d'être vilaines si elles avaient des idées nobles et aimantes.

V. Maquel.

La femme est un être infidèle, inconstant et léger qui s'abandonne au premier venu et sans réflexion.

Courval-Sonnet.

La femme a un langage tout à fait spécial ; il est magique et l'homme ne peut y résister.

Michelet.

La femme, dans une coupe d'or, nous verse le poison ; son front serein est un labyrinthe ; dans la suavité de ses lèvres, nous voyons l'amertume de son cœur ; dans ses soupirs parfumés, la tempête ; dans ses caresses la trahison. C'est la mort sous une enveloppe humaine.

Cardinal de Palerme.

Celui qui pourra expliquer l'enchantement d'un regard, d'un sourire et de la démarche d'une femme aimable, pourra aussi expliquer les vers de Catulle.

La Harpe.

Les femmes sont sans pitié pour le mal qu'elles font aux hommes qu'elles aiment.

Martin.

Quand une femme pleure, sa larme reste suspendue à ses paupières et ressemble à une perle.

L. Peyronnet.

L'esprit des femmes leur sert bien plus à augmenter leur folie que leur raison.

La Rochefoucauld.

A côté de tous les hommes illustres se trouve une femme aimée. L'amour est le soleil du génie.

Schiller.

Les femmes ont une intuition de cœur extraordinaire.

P. Lanfrey.

La femme qui pleure prend; l'homme qui pleure se prend.

Proverbe Hongrois.

La femme a été créée par Dieu dans son plus grand transport d'amour.

L. Peyronnet.

La femme est pour l'homme un poids, un danger, une douleur, une épouvante, un déshonneur, un véritable fléau.

Cardinal de Palerme.

L'âme et le corps de l'homme seraient imparfaits sans la femme, puisque l'un a la force et l'autre la beauté.

CHATEAUBRIAND.

Le seul livre sur lequel la femme veut écrire c'est celui du cœur de l'homme et c'est avec des lettres de feu qu'elle voudrait graver ses pensées pour qu'elles ne s'effacent jamais.

L. PEYRONNET.

Les femmes sont des places fortes qu'il faut prendre d'assaut ; le succès est toujours certain.

BACON.

La plus grande qualité de la femme est de toujours pardonner.

L. PEYRONNET.

Les femmes sont le baromètre de la corruption.
FRANÇOIS LOMANOQUE.

Nous ne pouvons pas trouver un meilleur ami que la femme qui nous aime et que nous aimons.

L. PEYRONNET.

Toutes les femmes aiment les hommes ; mais il n'en existe pas qui aiment leur mari.

L'AVOUAC.

La gaieté de la femme dissipe la tristesse de l'homme.

B. DE SAINT-PIERRE.

Une femme insensible est une erreur de la Nature.
DE PROPRIAC.

On peut dire que la femme est un vrai mystère et que, tous, nous l'adorons sans la connaître.

La femme a tout contre elle : ses défauts, sa timidité, sa faiblesse ; elle n'a en sa faveur que l'art et la beauté.

JEAN-JACQUES ROUSSEAU.

La femme qui aime éprouve trop de plaisir pour pouvoir résister. Sans aucune précaution elle s'abandonne aveuglément au plaisir de l'amour.

L. PEYRONNET.

Fou est celui qui cherche la stabilité chez la femme. Il est plus facile d'empêcher que les feuilles des arbres ne se meuvent plus au vent, la tempête déchaînée, etc., que de donner de la stabilité à une femme.

PARNY.

Une femme prévenante et aimante est pour l'homme le beau livre de morale.

A. GUYARD.

Les femmes sacrifient tout à l'ambition : chair fausse, cheveux faux, costumes faux, paroles fausses, dévotion fausse : voilà ce que nous voyons tous les jours. Leur vraie patrie ce n'est pas la France, mais la vitrine d'un marchand de modes. Cette dissolution ne règne pas seulement dans les grandes villes, mais aussi dans les plus petites campagnes.

Le Siècle, août 1870.

Sans la femme, l'humanité serait privée de toute consolation.

L. Peyronnet.

Le plaisir de l'amour ne dure qu'un instant ; mais le déplaisir dure toute la vie.

Florian.

Quand la femme vit solitaire et non dans un monde corrompu, c'est un être bon, docile, qui de tout cœur se conforme à nos habitudes.

Michelet.

La femme est plus sensible et plus affectueuse que l'homme.

Descuret.

Il n'est pas possible d'imaginer une conversation plus stupide que celle de la femme ; elles ne parlent que de costumes et de modes.

Joly, père capucin.

Les larmes d'une femme attirent le feu du ciel sur celui qui les fait répandre.

Livres sacrés indiens.

Les femmes aiment avec leurs illusions ; leur amour peut aller jusqu'à l'affection ; les femmes aiment quoique abandonnées, désillusionnées : elles aiment jusqu'au pardon.

J. Hubal.

Malheur à qui se moque des souffrances d'une femme ; Dieu se moquera de ses prières.

Livres sacrés indiens.

La joie des joies, le délire du délire, l'ivresse des ivresses, le trésor des trésors, l'infini de l'infini, c'est toujours l'amour.

Paul Montegazza.

Les jeunes filles sont toujours très curieuses de savoir ce que leur mère n'ignore pas.

Ricard.

La femme inspire à l'homme la chasteté, la sainteté, la douceur, les spasmes, les joies, les délires d'un amour plus immense que l'océan et le firmament.

Charles Richetti.

Les jeunes filles, ces anges légendaires que nous admirons tous, n'ont toutes qu'un seul désir : c'est d'être des anges tombés.

L. PEYRONNET.

La nature a donné aux femmes les qualités les plus précieuses.

DE BONALD.

La femme est l'arme du diable, la tête du péché, la destruction du paradis.

FERNAND DE ROJAS.

Quand la société ne la trouble pas et ne cherche pas à la corrompre, la femme est plus fidèle que l'homme.

MICHELET.

L'amitié d'une femme pour un homme est une véritable amitié.

DE SÉGUR.

L'expérience a démontré que le seul moyen de ne pas dépendre d'une femme est de toujours les faire dépendre de nous.

RÉTIF DE LA BRETONNE.

L'homme cherche chez la femme la beauté physique, la femme cherche la beauté morale.

DESCURET.

Il ne faut pas trop se laisser fasciner par la beauté de la femme, parce que bien souvent dans les plus belles ampoules se trouve le poison le plus violent.

E. Malpertuis.

L'ange le plus parfait, c'est la femme.

L. Peyronnet.

Une femme honnête peut écouter tout ce qu'un homme honnête lui dit.

E. Legouvé.

Le renard est fort rusé ; mais la femme l'est bien plus.

Proverbe espagnol.

Les livres saints disent que la femme est, pour l'homme, la splendeur de son âme, la cause de son bonheur, l'étoile de sa vie, la fleur de son existence.

L. Peyronnet.

Les rois donnent vite et de grand cœur ; mais les femmes donnent en ayant l'air de plaindre ce qu'elles donnent : c'est une libéralité avare.

Mme de Sartory.

La femme est reine ; sa souveraineté repose sur

l'amour, amour qui part du cœur et a quelque chose de céleste.

L. PEYRONNET.

Si la beauté était le seul mérite des femmes, toutes les laides seraient obligées de se pendre.

GATTEL.

Pour tous les bons sentiments la femme est supérieure à l'homme.

L. PEYRONNET.

Tous les hommes connaissent la faiblesse des femmes ; mais tous se laissent mener par elles.

EUGÈNE LE GAL.

Les qualités principales de la femme sont : la grâce, la gentillesse et la séduction.

Mme DE GIRARDIN.

Nous n'avons pas encore trouvé le secret de nous faire aimer par notre femme légitime.

LA BRUYÈRE.

L'homme qui parle mal des femmes a plus à se reprocher qu'elles.

L. PEYRONNET.

Les femmes se mettent plus facilement en colère que les hommes ; cela dénote leur esprit faible.

PLUTARQUE.

Que faire avec les femmes qui ne connaissent ni ce qui est bien ni ce qui est mauvais ? Elles ne comprennent que ce qui leur plaît.

TÉRENCE.

Celui qui n'aime pas la femme donne une mauvaise opinion de son cœur et de son esprit.

L. PEYRONNET.

La certitude de plaire est le plus bel ornement d'une femme.

L. AVOUAC.

C'est sur les yeux de ma femme bien-aimée que j'ai fait mes plus belles chansons ; c'est sur son sein que j'ai écrit mes meilleures stances ; et quels beaux sonnets j'écrirais sur son cœur, si elle en avait un !!

HENRI HEINE.

Le sourire d'une femme est comme un jardin tout en roses.

L. PEYRONNET.

L'homme propose, la femme dispose.

PROVERBE.

Il est plus facile de trouver une jeune fille sans amants que de rencontrer une vieille bigote sans directeur spirituel. A bon entendeur, salut.

BEAUZON.

Dans les commencements du christianisme, les femmes martyrisées furent bien plus nombreuses que les hommes.

PIERRE LACROIX.

Tous les défauts que nous pouvons reprocher aux femmes sont l'œuvre de la société et d'une éducation mal entendue.

Du moment où une femme entre dans le monde, tout conspire contre sa vertu.

GRIMM.

L'homme désire et la femme aime. La femme ne demande qu'une seule chose : aimer, être possédée, se donner et rester inséparable de son compagnon.

L. PEYRONNET.

Les femmes ont tellement l'habitude de mentir que, même si leur amour était vrai, l'on ne peut y croire ; ainsi elles sont dévorées par un amour incompris. Souvent ces femmes, se sentant ainsi avilies et pleines de remords, se consacrent à Dieu.

ALEXANDRE DUMAS fils.

Si l'homme travaille et entreprend, la femme économise et est prévoyante ; si l'homme spécule, la femme administre ; si l'homme achète, la femme conserve.

Si l'homme est la personnification du travail, la femme est la personnification de l'épargne.

De Girardin.

Les Nations se forment sur les genoux des mères.
Napoléon Ier.

Il faut être bien idiot pour aimer des femmes qui n'ont aucune tendresse pour nous. Si elles font semblant de nous aimer, c'est pour les cadeaux que nous leur faisons. On peut compter que nous les achetons au poids de l'or.
Eugène Le Gai.

Il n'y a pas de docteurs capables d'administrer, comme la femme, le baume de la consolation à un mourant désespéré.
L. Peyronnet.

Les femmes possèdent toujours une clairvoyance qui manque aux hommes.
Ponson du Terrail.

A l'âge de quarante ans les femmes ne doivent plus

avoir aucune prétention ; si elles sont intelligentes elles peuvent conserver leur conquête, mais il est ridicule de vouloir prétendre à en faire de nouvelles.

Eugène Le Gai.

Avant de prendre une femme, pensons-y toute notre vie.

L. Peyronnet.

Le sourire d'une femme qui demande pardon fendrait un rocher.

Le sourire d'une femme vertueuse est un rayon de soleil, un regard de Dieu.

L. Peyronnet.

Il y a beaucoup de femmes qui n'aiment que ceux qui les maltraitent. J'ai connu beaucoup de femmes qui préféraient une brute à un homme comme il faut.

Beauzon.

Sauf de rares exceptions, la femme est la souveraine de la société.

Prudhon.

Une femme qui a du cœur arrive à bout de tout.

P. Stahl.

La femme est pour ainsi dire continuellement malade ; on estime que sur trente jours elle est malade vingt jours ; mais elle a la force de courage de nous le cacher.

L. Peyronnet.

Contenter l'œil c'est peu de chose ; il faut parler au cœur.

Delille.

Chaque fois que l'enthousiasme patriotique s'élève jusqu'aux nues, la femme l'éprouve au même degré que l'homme.

Lamartine.

L'homme est plus animal, la femme est plus humaine.

Burdack.

La femme est le miroir de toute la vie de la Nature
L. Peyronnet.

Celui qui dira : « J'ai une femme, elle est bonne », peut ajouter : « J'ai trouvé un trésor, un phénix » ; et il aura beaucoup d'envieux, car c'est un oiseau plus rare que le merle blanc.

L. Peyronnet.

Avoir une bonne épouse est un bien réel ; un bon

mari éprouve, par elle, la félicité au sein de sa famille.

BONNIN.

Dans la femme on trouve très peu de bon sens, beaucoup de nullité et d'enfantillage.

LA BRUYÈRE.

Dieu a mis le génie de la femme dans tous les cœurs parce que c'est un génie d'amour.

LAMARTINE.

Des femmes qui ne pensent qu'à la toilette vous en trouverez à foison ; mais trouver une femme qui ne soit pas capricieuse et coquette et qui songe à économiser pour sa famille, c'est bien rare.

BLONDEAU.

Le sage a dit : « Celui qui a une bonne femme est riche. »

L. PEYRONNET.

Les femmes aiment de préférence ceux qui les méprisent.

PONSON DU TERRAIL.

Les femmes agissent toujours avec plus d'ardeur

que les hommes quand il s'agit d'un acte de générosité.

G. Garibaldi.

La douceur et la grâce de la femme sont trompeuses et sa bonté n'est en réalité que vice.

Salomon.

La femme légitime d'un charbonnier est plus respectable que la maîtresse d'un roi.

L. Peyronnet.

Il est facile de gouverner et de conserver une femme quand l'homme veut s'en donner la peine.

La Bruyère.

Mettez-vous bien en garde contre les grimaces caressantes de la femme ; plus elle vous flatte et vous embrasse, plus elle est prête à vous trahir ; elle vous fait déguster du miel pour vous rassasier de fiel ; si elle vous embrasse, c'est pour vous étrangler.

Charron.

Il y a peu de femmes dont le mérite dure plus que la beauté.

La Rochefoucauld.

Quand vous épousez une belle femme, vous l'aimez pour sa beauté pendant une ou deux années ;

mais après, habitué, vous ne l'aimez plus que pour sa bonté.

L. Peyronnet.

La méchanceté est innée chez les femmes ; elle se rencontre rarement chez les hommes.

Charles Malo.

Tous les hommes se plaignent de la femme et cependant que serait le monde si elles n'existaient pas ? Un rien.

L. Peyronnet.

Les femmes sont absolument indispensables pour notre bonheur.

Dr Beauzon.

La femme, en général, n'est pas la compagne qui partage les travaux et les peines de l'homme ; mais au contraire elle est une poupée qui passe tout son temps à chercher à être belle pour plaire aux autres et ennuyer son mari légitime.

Alphonse Karr.

O femme sincère et aimable, douée de toutes les grâces extérieures et des joies de l'âme, tu es faite pour être purement, tendrement et constamment aimée !

Sénancour.

La femme est le principe et la base de tous les maux ; c'est à cause d'elle que nous mourrons.

L'Ecclésiaste.

Un beau visage de femme est une merveille de l'Univers.

Fortin.

La femme est pour l'homme un rayon de soleil après l'orage, elle le vivifie en quelques minutes.

L. Peyronnet.

Quand une femme est spirituelle, elle fait plaisir à ceux qui l'écoutent, et si elle y ajoute l'amabilité, elle est recherchée par tous.

Debay.

Pour plaire à une femme il faut mentir, tromper son orgueil pour lui opposer une rivale.

F. Bruys.

La plus belle science pour une femme c'est de savoir gouverner sa famille et son intérieur.

Pierre Charron.

C'est la femme qui ouvre l'âme des enfants à la sensibilité, à la reconnaissance et à l'humanité.

L. Peyronnet.

Celui qui a le malheur de ne pas commander à sa femme suit les conseils de la misère et pas ceux de la sagesse.

EURIPIDE.

La femme est un grand mal, seulement quand le mal existe autour d'elle.

PIERRE LEROUX.

Joie de notre âme, joujou capricieux : la femme.

L. PEYRONNET.

Chez la femme, la jalousie est une vertu, et c'est pour cela que nous pouvons avoir confiance en leur fidélité.

SÉNANCOUR.

Il n'y a pas de familles plus malheureuses que celles où les femmes commandent.

Dans toute famille heureuse vous remarquerez que l'homme commande et la femme obéit.

SAINT AUGUSTIN.

Le beau visage d'une femme n'est autre chose qu'un piège.

L. THÉOPHRASTE.

La femme sage et aimante est pour l'homme un

rayon de soleil suave et consolateur qui lui rend la sérénité quand il est accablé d'ennuis.

L. Peyronnet.

Terrible est la violence des vagues de la mer, terrible est le feu, terribles sont les torrents, terrible la pauvreté, terribles tous les fléaux ; mais le plus terrible, c'est la femme.

Euripide.

Les femmes sont toujours plus gentilles et plus aimables que les hommes.

Chamfort.

Dans leurs premières amours les femmes aiment ; après, rien.

La Rochefoucauld.

Les femmes ont une intelligence fine et délicate, un tact de beaucoup supérieur à l'homme.

Caron.

Le véritable châtiment pour ceux qui ont trop aimé les femmes, c'est de les aimer toujours.

Elles causeront leur perte.

Les femmes sont poétiques, même quand elles sont perfides.

L. Peyronnet.

La femme est l'aide indispensable de tout homme sérieux.

PRUDHON.

La femme n'est que pleurs, coquetterie, larmes, et c'est tout.

SAVINI MÉDORO.

C'est la femme qui verse le baume divin sur les plaies de l'homme.

L. PEYRONNET.

Ce qui embellit le plus une femme, c'est le désir de plaire et d'aimer.

SANIAL DUBAY.

Les femmes doivent être comblées d'égards. Quand elles sont aimées et respectées, la famille prospère.

Les divinités sont satisfaites quand la femme est honorée.

MANU, législateur indien.

Le règne de l'homme est celui de la force brutale, de l'imposture et de Satan.

Le règne de la femme est celui du droit, de la liberté et de la vérité ; c'est le règne de Dieu.

TOUSSENEL.

Avec une femme l'amour dure, habituellement, une semaine ; on la voit le lundi, le mardi on est son amant, le mercredi on lui adresse une lettre enflammée, le jeudi elle vous répond, le vendredi on a ce que l'on désire et le samedi : c'est l'abandon.

Scribe.

Mieux que l'homme la femme sait réconcilier les intérêts et apaiser les discussions.

Lévis.

Une femme judicieuse, active et pieuse est l'âme d'une famille entière et maintient l'ordre pour les biens temporels et pour la santé.

Fénelon.

Celui qui prend une femme mérite une couronne de patience, celui qui en prend deux mérite une couronne de fou.

Proverbe espagnol.

A notre grande honte, nous devrions dire que nous n'aimons jamais la femme que quand nous souffrons.
En général, toutes les femmes sont vertueuses.

Balzac.

La puissance d'une femme sur un homme est sans limites ; elle en sait plus que le diable.

Sénèque.

La femme conserve la pudeur même quand elle devrait la perdre.

De Lambert.

A la fin du printemps les oiseaux cessent de chanter, à la fin de l'été il n'y a plus de cigales ; mais la femme attend toujours vos caresses.

Ovide.

Malgré la faiblesse physique de la femme, son intelligence est beaucoup plus développée que celle de l'homme. Dans les arts comme dans les sciences elles sont supérieures à l'homme.

Riballier.

La femme sait mieux comprendre l'homme que lui ne comprend la femme.

Victor Hugo.

Quoi que l'on en dise, la femme est bien plus capable de garder un secret que l'homme, parce qu'elle en comprend davantage l'importance.

Aug. Guyard.

Bien souvent la femme abandonne celui qu'elle aimait, non pas pour ne pas aimer, mais pour en aimer un autre ; la trahison leur plaît.

Marivaux.

Épouses, fiancées, filles, femmes, mères ! Voilà les paroles que le cœur humain trouve les plus douces, les plus pures, les plus ineffables et les plus sacrées.

L. Peyronnet.

Les femmes sont heureuses quand vous leur parlez mal des autres femmes et surtout de leur concurrente.

F. Bruys.

Qu'y a-t-il de plus doux, de plus beau qu'un cœur aimant ?

Quoi de plus beau que d'être esclave de l'amour ?

Arioste.

La femme bigote n'a ni sang dans les veines ni viscères dans le ventre.

Alfred de Musset.

Dans notre siècle on dirait que la société tout entière est faite pour la perdition de la femme et je me demande souvent comment il se fait qu'il y en ait encore quelques-unes qui résistent aux séductions trompeuses.

L. Peyronnet.

La femme est naturellement imbécile ; pour s'em-

parer d'elle il suffit de la vanter, de la louanger et de la tromper.
INDIANA.

Pour ses petites sœurs et ses petits frères la jeune fille est une seconde mère.
L. PEYRONNET.

A peine une femme est à nous, il y en a déjà un autre.
MONTAIGNE.

Il n'y a pas de maux que la femme ne sache guérir ou au moins soulager ; dans tous les cas elle fait toujours renaître l'espérance.
L. PEYRONNET.

Une jeune beauté n'a plus rien de divin sitôt devenue épouse.
DE BOUFFLERS.

Fuyons la femme, c'est une source d'amertume.
ANASSANDRIDE.

Pour les hommes l'amour est passager ; mais pour les femmes il est immortel.
L. PEYRONNET.

C'est la femme qui nous apprend à mentir, à être trompeurs, menteurs, vindicatifs, capricieux, médisants, inconstants, etc. C'est elle qui nous enseigne tous les vices de l'enfer. Je voudrais que Dieu leur accorde tout ce qu'elles désirent ; il n'y aurait pas pour elles de plus durs châtiments.

SHAKESPEARE.

Au chevet du malade la femme est vraiment un ange que j'ai admiré plus d'un millier de fois, durant ma longue carrière.

L. PEYRONNET.

Le proverbe dit que celui qui est fortuné le doit à la femme.

SÉNÈQUE.

Les Hébreux disent que la femme nous apporte en dot : la mort et le péché.

GEORGE SAND.

Ordinairement les femmes intelligentes cherchent plutôt à orner leur esprit que leur corps.

FÉNELON.

L'excès du sentiment appartient essentiellement à la femme.

DE SÉGUR.

Qui est malheureux en femmes est heureux au

jeu. Il me semble qu'être même heureux en femmes c'est une grande disgrâce.

G.-B. ZAFFERONI.

L'épouse d'un chrétien n'est pas une simple mortelle, mais un être extraordinaire, mystérieux, angélique.

CHATEAUBRIAND.

Le plus fort, le plus terrible des hommes (Hercule) fut non seulement obligé de se mettre à genoux devant une femme, mais encore de se traîner à ses pieds.

G. FRÉDÉRIC.

Les femmes sont absolument incompréhensibles, tantôt fortes, tantôt faibles, indiscrètes, fourbes, sournoises, bavardes, boudeuses, rancuneuses ; elles sont tout ce que l'on veut, excepté bonnes.

D. BEAUZON.

La femme est la plus belle moitié du genre humain. En tout temps et en tout lieu la femme est nécessaire.

L. PEYRONNET.

Ce que peut faire de mieux une femme âgée, c'est de s'oublier elle-même ; mais vous n'en trouverez pas une qui veuille oublier sa jeunesse.

Mme NECKER.

Beaucoup de femmes, en devenant mères, deviennent bien meilleures.
L. Peyronnet.

Les femmes sont pernicieuses ; elles causent aux hommes toutes sortes de maux.

Elles veulent bien partager nos plaisirs, mais pas nos misères et nos ennuis.
Ésope.

Près des malades les femmes, même les plus méchantes, deviennent bonnes et se transforment en anges de douceur.
L. Peyronnet.

Les femmes volent les cœurs par leurs regards et c'est surtout les cœurs innocents qu'elles cherchent à trahir et enchaîner.
Alexandre Dumas.

Les femmes ne prennent pas plaisir à connaître, ni à définir ; mais elles ont un sentiment naturel qui remplace les connaissances et la réflexion.
Chevalier de Propiac.

L'homme reste toujours le débiteur insolvable de la femme ; comment voulez-vous récompenser pleinement celle qui vous a donné la vie ?
L. Peyronnet.

Il y a certaines beautés qui ont du céleste et même du divin ; mais en les considérant bien l'illusion disparaît bien vite : c'est une femme !

MONTBRON.

Demain, peut-être, sur votre lit de mort, vous recevrez les soins et les caresses de la femme dont vous avez souvent déchiré le cœur. Vous oublierez vos souffrances à l'aspect de l'image de vos premières amours.

L. PEYRONNET.

Voulez-vous, mesdemoiselles, trouver un bon mari ?

Je vais vous donner la bonne recette :

Ayez plus de bon sens commun que d'esprit ; au lieu de faire de la musique, occupez-vous de petits travaux utiles ; étudiez mieux les mystères de la maison que ceux de Paris ; lisez la Cuisinière économique au lieu de lire les feuilletons des journaux ; en deux mots, prouvez à l'homme que vous voulez épouser que vous serez pour lui une aide et non un embarras.

EDOUARD MONTIGNY.

Le regard de la femme est très puissant.

PROUDHON.

L'artiste s'inspire toujours sur le sein d'une femme.

L. Peyronnet.

L'affection sans limites est le génie des fées et des femmes, comme la gracieuseté forme leur beauté.

Balzac.

La Nature a mis dans l'âme de la femme tant de piété et de bienveillance qu'elle semble avoir été créée uniquement pour la consolation de l'homme.

Alibert.

Les amours louches commencent dans la joie et finissent dans les pleurs.

L. Peyronnet.

Les femmes savent mentir d'une façon admirable; elles ont toujours trompé, elles trompent et tromperont toujours leurs maris.

Balzac.

Les femmes sont poétiques par imagination, anges par le cœur.

D. Caron.

La femme est plus éthérée que l'homme, plus voisine de l'intelligence céleste.

Guilmot.

La Nature a pris la femme sous sa protection et la traite avec une préférence bien marquée.

HUMBOLDT.

Toutes les femmes vous diront que vous êtes leur premier amant ; n'en croyez rien, ce n'est pas vrai.

THÉOPHILE GAUTIER.

La femme est descendue sur la terre pour y remplir une mission divine et retourner au ciel !

L. PEYRONNET.

La femme fut la dernière parole du Créateur, qui après l'avoir créée se reposa pour la contempler.

ARSÈNE HOUSSAYE.

Le génie de la femme est incontestable ; il y en a qui possèdent au plus haut degré : l'imagination, la sensibilité et la grandeur d'âme.

L. PEYRONNET.

Voulez-vous voir quelqu'un dans un grand embarras ? Placez-le, à table, entre deux femmes qu'il a aimées.

JEAN-JACQUES ROUSSEAU.

La femme, par sa nature, est bien plus impressionnable que l'homme et plus sensible.

LAMARTINE.

La femme est faite pour aimer et dans ses faiblesses comme dans ses sacrifices c'est toujours l'amour qui domine.

Aimé Martin.

Qui croit aimer une femme en retour de son amour se trompe.

La Rochefoucauld.

Dans la femme, la sensibilité, la piété, la charité, la générosité sont comme un élan d'amour perpétuel.

L. Peyronnet.

Dans la guerre de l'amour, la fuite est une victoire.

Pétrarque.

On aime les belles femmes par inclination, les laides par intérêt, les vertueuses par sentiment.

L. Peyronnet.

Toutes les religions doivent à la femme la rapidité de leurs conquêtes ; douée d'une imagination vive, d'un esprit ardent et d'un dévouement sans mesure, elle a toujours été la première à résister sans pâlir aux plus atroces tourments.

Catalani.

Les femmes sont belles, expressives, bonnes, compatissantes, sensibles, bienfaisantes et pieuses.

Bernardin de Saint-Pierre.

La plus grande faute qu'une femme puisse commettre, c'est de ne pas aimer.

L. Peyronnet.

En un jour la femme fait ce que l'homme n'est pas capable de faire dans une année.

A. Caccianiga.

Les femmes aiment avec beaucoup plus de tendresse, ou au moins avec beaucoup plus de ténacité.

Mercier.

La femme est plus à craindre que le scorpion et le serpent.

Salomon.

La femme est l'oracle de Dieu.

Ida Tron.

La femme n'a du goût que pour ce qui est dégoûtant, de la langue que pour ce qu'elle devrait taire.

G.-B. Zafferoni.

Certaines femmes ont dans le commerce une telle grâce et délicatesse que l'homme ne connaît point.

Saint Prosper.

La femme est la caresse de la vie, la suavité de l'affection ; c'est un reflet de la divine et amoureuse providence répandue sur l'humanité.

L. PEYRONNET.

On n'est pas encore bien sûr si les femmes aiment plus que les hommes ; mais il est bien certain qu'elles savent mieux aimer.

SANIAL DUBAY.

Il est fort rare qu'une femme ait une opinion et quand elle en a une c'est pour sa beauté.

LOUIS DESNOYERS.

Dans tous les temps et dans tous les pays, la femme n'est que ce que la fait l'homme.

L. PEYRONNET.

Il y a des mères qui terrorisent leurs enfants à un tel point qu'ils ne mangent plus, ne boivent plus et meurent.

CÉSAR TRONCONI.

Jeune, la femme n'était que belle et digne d'hommages ; vieille, elle a une auréole de majesté et sa vue impose le respect.

L. PEYRONNET.

Celui qui donne son cœur à une femme est un fou qui se jette dans une mer en furie.

SANNAZZARO.

La femme est bien plus près de la perfection que l'homme ; il n'est pas possible de rencontrer autant de gentillesse chez un homme que chez une femme.

SAINT-EVREMONT.

Quand je compare la femme à l'homme, d'un côté je vois la force, la fierté, l'impolitesse ; de l'autre la faiblesse, la sensibilité et la courtoisie.

D. SUZANNE.

En général, la femme veut toujours ce que l'homme ne veut pas.

L. PEYRONNET.

Quand dans un bal vous trouvez une femme couverte de bijoux, soyez certain que la faim règne dans sa maison.

D. BEAUZON.

La femme est le véritable ange de la vie. Si Dieu s'incarnait à nouveau il prendrait sûrement la forme de la femme.

L. PEYRONNET.

Pour moi, un homme qui se marie devient la moitié d'une femme.

G. ROMANN.

La femme obéit par amour et elle prévient tous nos désirs, elle devine même nos plus intimes pensées.

L. PEYRONNET.

Aimez une femme et vous cesserez d'être libre.

PROPERZIO.

Les femmes ont meilleur cœur que les hommes, leur imagination est aussi supérieure.

LAMARTINE.

Que de très braves femmes n'ont trouvé que des bras pour les recevoir, mais pas de cœur pour les aimer.

J.-P. RICHTER.

Aimer et souffrir pour consoler, voilà le vrai sort de la femme.

L. PEYRONNET.

Une femme d'esprit et de cœur pardonne une infidélité, mais jamais l'ingratitude.

STAHL.

La femme n'est jamais méchante, quoique souvent elle paraisse l'être.

Frémoyt.

La femme qui veut enchaîner son mari à ses pieds est une imbécile qui ne sait pas que l'intelligence d'un seul homme est plus grande que celle de mille femmes.

Silvio Pellico.

Un brave homme n'a jamais une mauvaise femme.

Cornelius Agrippa.

La femme est la joie de la famille, la seule joie dont l'homme jouisse sur terre.

L. Peyronnet.

Les hommes valent moins que les femmes, car chez elles il y a du sentiment et chez nous, point.

Laurent Pichat.

Oh femmes ! vous seules comprenez bien l'amour.

Dante.

Dans la terre comme dans la mer on ne trouvera jamais une perle aussi précieuse que la femme.

L. Peyronnet.

Quand une femme vous embrasse bien tendrement, méfiez-vous, c'est pour vous trahir.

NINON DE LENCLOS.

La femme veille sans cesse aux intérêts de la famille, souvent elle met un frein aux prodigalités de son mari et, par ses économies, elle empêche la maison de sombrer.

L. PEYRONNET.

L'homme est l'emblème de la puissance, mais la femme est le symbole du sentiment.

L. PEYRONNET.

Voulez-vous connaître le monstre le plus terrible ? c'est la femme.

DE LA PIERRE.

Si la femme savait prendre l'homme elle serait un ange d'amour sur la terre.

LOUIS AVOUAC.

Si vous avez une mauvaise femme, changez-la pour un chien ; vous ferez une très bonne journée.

SANTICH.

Rien de pire et rien de mieux que la femme ; c'est un petit enfant que nous devons soigneusement former et soigner.

L. PEYRONNET.

Il n'y a pas de trésors qui puissent contenter l'avidité d'une femme.

Saint Basile.

Il est bien regrettable de constater que les femmes, en général, valent peu ; pour en trouver une bonne sur mille, il faut avoir la lanterne de Diogène.

A. Bizonni.

Il y a des femmes qui peuvent vieillir impunément ; il semble que le temps n'a eu qu'un but : faire resplendir la pureté de leur âme et faire briller sur leur visage, dans leurs derniers jours, un rayon de soleil, de douceur et de divinité.

L. Peyronnet.

La terre et la mer produisent une infinité de bêtes féroces ; mais la plus féroce de toutes est bien la femme.

Ménandro.

La femme absolument maîtresse d'elle-même et libre est l'égale de l'homme pour la raison, la science, etc... elle lui est supérieure par la délicatesse et la beauté.

Eugène Sue.

La femme courageuse est la plus belle couronne de la vie.

L. Peyronnet.

A certains moments de la vie, la femme oublie son sexe pour affronter la mort sans pâlir.
Ponson du Terrail.

L'amour d'une femme est beaucoup plus à craindre que la haine d'un homme.
Socrate le Sage.

De même que Dieu est tout au ciel, la femme est tout sur la terre.
L. Peyronnet.

Il est fort rare que l'intelligence soit unie à la beauté chez la femme.
L'abbé Blanchard.

Dans toutes les affaires de crimes : « Cherchez la femme. » C'est elle qui est l'instigatrice de tout ce qui est mal.
L. Peyronnet.

Par nature, la femme est une furie et une sirène.
Bacon.

L'homme représente la force, la femme la beauté.
L. Peyronnet.

Pour peu que l'on ait aimé une femme, on est obligé d'avouer qu'elle est l'iniquité personnifiée ; c'est le dragon, la chimère qui vomit des flammes, l'épouvantable Charybde, les trois têtes du monstre marin *Scylla*. Les lions, les harpies et les vipères ne sont rien près de la femme ; il n'y a pas de monstres et pas de désastres que l'on puisse comparer à la femme.

ANASSILAO.

La femme qui est un parfum ne s'exhale qu'à l'ombre.

LAMENNAIS.

L'homme le plus rusé est toujours vaincu par la femme.

L. PEYRONNET.

Les femmes ont la langue très flexible et parlent beaucoup plus vite et avec plus de grâce que l'homme.

JEAN-JACQUES ROUSSEAU.

La femme, par sa nature, est plus parfaite que l'homme.

EUGÈNE PELLETAN.

Par sa nature, la femme est effrénée, infidèle et féroce.

MÉNANDRO.

C'est sur les seins de la femme que nous trouvons la vie, et dans leurs baisers, la volupté.

L. PEYRONNET.

L'amour n'est qu'un épisode de la vie de l'homme ; mais pour la femme c'est toute son existence ; elle n'a qu'un amour, c'est d'aimer.

LORD BYRON.

En amour, les femmes donnent beaucoup plus qu'elles ne promettent.

L. DESNOYERS.

Parmi tous les êtres de l'univers, la femme est le plus aimant et le plus aimé.

L. PEYRONNET.

Gardez-vous bien de vous confier à une femme ! Ses jurements même sont inscrits sur les vagues de la mer ; le moindre souffle les fait disparaître.

C'est bien la femme qui est la perdition du genre humain !

Elle n'ouvre la bouche que pour mentir.

A. VISMARA.

La femme n'est qu'un amalgame de tout ce qu'il y a de pire au monde.

Dr BEAUZON.

L'amour est la vertu principale de la femme ; c'est pour cela, qu'en revanche, nous devons l'aimer.

L. PEYRONNET.

Les larmes sont pour la femme ce qu'est pour une armée la réserve de poudre et de munitions.

G.-B. Zafferoni.

Pour une femme qui a cessé d'aimer et d'être aimée, c'est une mort prématurée.

L'amour est tout pour elle, puisque toute son âme est dans son cœur.

L. Peyronnet.

Avouons-le franchement, nous ne trouvons pas un seul homme sur vingt qui sache que la douceur est une véritable force.

E. Legouvé.

Quand la terreur et la haine envahissent l'homme, seul le cœur de la femme peut le ramener à de bons sentiments.

Demoustier.

En fait de bêtes, un âne est ce qui plaît le plus à la femme, à cause de leur grande ressemblance.

César Tronconi.

Heureusement pour vous, mesdames, que vous ne devenez pas plus mauvaises que la nature vous a faites ; vous l'êtes déjà bien assez.

Thucydide.

Les mille contradictions auxquelles sont sujettes les femmes viennent de la faute des hommes.

S. de Neufville.

Une femme belle et vertueuse est le spectacle le plus beau que l'on puisse offrir à un homme.

L. Peyronnet.

Les femmes sont comme les roses de Jéricho : elles fleurissent mille fois.

Mahomet.

Il vaut mieux conduire sa femme au tombeau que de la mener à la messe.

Dr Chérémone.

L'influence de la femme se fait sentir dans toutes les actions de la vie de l'homme.

Alexandro

C'est par égard pour la femme que l'homme évite beaucoup d'excès. Elle est donc le meilleur des médecins.

L. Peyronnet.

La femme est changeante comme la plume au vent.

Rigoletto, opéra.

Le seul tort d'un homme qui n'est pas aimé par sa femme, c'est d'être son mari !

DESNOYERS.

Quel spectacle admirable et enchanteur que celui d'une femme aimant son mari et bien fidèlement jusqu'à l'extrême vieillesse.

PROCILIDE.

Quand l'homme a des chagrins, la femme, compagne de ses nuits, les lui fait oublier. S'il a des jours de tristesse, il trouve dans les tendresses et les baisers de celle qu'il aime la consolation et l'oubli.

L. PEYRONNET.

En général, les hommes ont le cœur plus volage que les femmes.

JEAN-JACQUES ROUSSEAU.

Toutes les femmes cherchent le bonheur près d'un amant qu'elles quittent bien vite si elles ne sont pas heureuses.

NINON DE LENCLOS.

Qui donc pourra jamais savoir ce qui se trouve dans le tout petit cerveau d'une femme ?

ACHILLE BIZZONI.

La femme est pieuse, douce et modeste ; c'est un ange tombé du ciel.
L. Peyronnet.

Garde-toi de t'illusionner sur l'amour d'une femme ; elle est trompeuse, fausse, ingrate et sans cœur.
Pythagore.

Quand un homme n'aime plus, il oublie tout ; mais la femme pense toujours à l'objet aimé.
L. Peyronnet.

Toute femme qui veut se mêler de traiter des affaires supérieures à ses capacités est simplement une intrigante.
Marie-Antoinette.

L'amour absout toutes les femmes; Jésus-Christ pardonna à Marie-Madeleine, parce qu'elle avait trop aimé.
L. Pichat.

L'amour que j'éprouve pour Laure me pousse à l'amour de Dieu.
Pétrarque.

La femme est un être sacré que les hommes ne savent pas apprécier.
L. Peyronnet.

Napoléon Ier demanda un jour à Mme Campan ce qu'il fallait pour que la jeunesse fut bien élevée ; elle répondit : « Il nous manque des mères qui sachent soigner leurs enfants. »

A. ANSERINI.

Dans la société des hommes il manque toujours une certaine douceur que l'on trouve seulement dans la compagnie des femmes.

SAINT-ÉVREMONT.

Aux yeux d'une femme légitime, son mari est bien supérieur à un simple amant, car elle le considère. Elle défend toujours son mari contre l'amant.

L. PEYRONNET.

Cent femmes ne valent pas un chien !

PROVERBE AUVERGNAT.

Je viens de lire dans mon journal favori *Le Matin*, 23 juin 1906, un article très intéressant et sensé ; j'espère qu'il plaira aussi à mes lecteurs et je pense qu'à titre de bonne confraternité *Le Matin* ne m'en voudra pas ; je l'en remercie d'avance. Le voici :

PAROLES DE REINE

UN ENTRETIEN AVEC LA MÈRE DU ROI VICTOR-EMMANUEL III

La reine Marguerite d'Italie donne, dans une interview, son opinion sur l'émancipation de la femme et sur l'éducation de la jeune fille. —
« L'amour est le fondement de la vie. »

Il y a peu de figures aussi connues et aussi populaires dans le monde que celle de la reine Marguerite d'Italie.

Fille de la maison de Savoie, elle a été un rare exemple de piété filiale ; épouse du roi Humbert, ses vertus ont égalé celles de la reine Victoria ; mère de Victor-Emmanuel III, elle a développé dans l'esprit du jeune souverain italien l'idéal le plus haut, le jugement le plus sûr, la culture intellectuelle la plus vaste.

Confinée dans la solitude depuis la mort tragique de son époux, on l'a vue peu paraître et on l'a peu entendue parler. Elle fuit le monde et demeure seule avec ses souvenirs et ses pensées. Cependant il y a quelques jours elle a bien voulu souffrir une exception à sa règle inflexible de silence, et elle a accueilli un journaliste américain, M. Conway, auquel, sur de pressantes et de hautes sollicitations, elle a consenti à donner ses vues sur quelques-unes des questions sociales et familiales qui agitent, à cette heure, le vieux et le nouveau monde.

Ce sont ces vues et ces déclarations dont le *Matin* a été heureux d'obtenir la primeur. Les voici telles que M. Conway les transcrit pour nos lecteurs :

— Je suis absolument opposée à cette chose extravagante que l'on appelle *l'émancipation des femmes*.

Telle fut la première réponse de la reine Marguerite aux interrogations de M. Conway.

— Dans quelque condition que la femme puisse être placée, poursuivit Sa Majesté, son premier devoir est de ne pas renoncer aux qualités mêmes qui distinguent son sexe. Pauvre ou riche, de haute ou de basse extraction, une femme doit être élevée conformément à ses besoins. Par-dessus tout, elle doit se garder de développer en elle ce qui est la caractéristique des hommes. Un mélange de la réserve ancienne et de l'indépendance moderne nous donnerait la femme idéale. Qu'on lui permette de s'instruire, d'enseigner, de travailler, de briller dans la société ou de rester chez elle, mais que, néanmoins, elle ait toujours recours à son père, à son frère ou à son mari, pour lui demander aide et conseil dans les difficultés de l'existence. Pourquoi ? Parce qu'une femme, en règle générale, ne saurait avoir la vaste expérience d'un homme.

LE SACRE DE LA FEMME

— Votre Majesté, lui demanda son interlocuteur, est-elle pour les familles nombreuses ?

— Oui. Comment une nation progresserait-elle, si ce n'est au moyen de sa population ? Une famille sans enfants est incomplète. Il y a autour de l'enfance une poésie et un sentiment bien faits pour émouvoir le cœur de toutes les femmes. Aussi, la plupart d'entre elles éprouvent-elles ce sentiment, bien qu'elles soient incapables de l'exprimer en paroles. Elles ont l'instinct maternel ; c'est ce qui retarde le suicide de la race !...

« La femme à qui manque la bénédiction de la maternité ignore ce qu'il y a de meilleur dans la vie. Je ne parle pas des exceptions nécessaires : certaines femmes peuvent avoir une autre mission dans la vie ; une vocation sainte peut les accaparer tout entières, corps et âme. Mais l'épouse qui, de parti pris, refuse de mettre des enfants au monde, doit avoir des tares morales. Le fait, pour elle, d'éviter les obligations de la maternité constitue un crime contre la famille et même contre la patrie.

« Les peuples sont très influencés par la force de l'exemple. J'ai souvent entendu dire que les nobles enseignements de la reine Victoria d'Angleterre avaient eu de merveilleux résultats sur tout son royaume. Or, cette force de l'exemple est tout particulièrement efficace sur les jeunes filles ; elles possèdent au plus haut point le don d'imitation. Améliorez la condition de la femme dans un pays, et vous l'améliorerez en même temps dans toute la race humaine.

ESPRIT FORT, FLEUR SANS PARFUM

— Quelle est, d'après Votre Majesté, la base de l'éducation ?

— L'instruction religieuse, et spécialement pour les femmes, dont le caractère grandit avec elle. Une jeune fille élevée religieusement se respectera toujours beaucoup plus que celle qui ne croit à rien. Cette vérité se manifeste dans toutes les circonstances de la vie. La jeune fille qui ne croit à rien est appelée esprit fort, mais elle n'est point, en réalité, une âme forte. Elle perd toute grâce d'imagination ; son cœur est endurci par de prosaïques expériences et il ne peut pas lui donner la force nécessaire dans les traverses et les tristesses de la vie. Le jour où le monde lui manque, comme cela arrive fatalement, il ne lui est plus possible d'avoir recours à une puissance céleste. La femme sans religion est une fleur sans parfum ; elle ne peut que faire pitié.

— Votre Majesté veut-elle bien préciser quel est le fondement de la vie domestique ou familiale ?

— L'amour. Il est vraiment indépendant de toutes les conditions sociales. Une société ou un groupement politique doit, pour réussir, être basé sur l'amour. Le corps politique est constitué par toutes les familles d'une nation. Si celles-ci ne sont point individuellement cimentées par l'amour, la société ne parviendra à les unir. Un mariage sans amour est une malédiction ; un mariage basé sur l'amour est une bénédiction : ces unions donnent naissance à un peuple généreux et fort. Si la grande famille humaine ne se laisse point abattre par la tristesse et les déboires, elle le doit à l'influence de nobles esprits dont la cordiale bonté s'épanche comme une fraîche source.

— Que dit-on des femmes anglo-saxonnes ?

— En Italie, nous les apprécions grandement. Lorsque le roi était enfant, nous lui avons choisi une gouvernante anglaise. La même chose a été faite pour les petites princesses et pour le petit prince. L'anglais est une langue familière à la cour. Nous parlons aussi le français et l'allemand.

— Que pense Votre Majesté des femmes coquettes ?

— C'est à mes yeux un grave défaut. La co

quette est ordinairement froide de cœur et de sens ; elle est incapable d'aimer ; elle recherche l'admiration et non l'affection ; elle manque d'enjouement et elle joue avec la vanité des hommes.

L'INFLUENCE FÉMININE

— Le mariage est-il une aide dans la vie ou un fardeau ?

— La question n'est guère discutable. Pour ceux, et ils sont la grande majorité, qui ont la vocation du mariage, celui-ci est une aide puissante, et de fait, il ne saurait en être autrement. Une femme aimable peut faire beaucoup pour encourager et pour soutenir un homme dans son travail. L'encouragement d'une femme bonne peut empêcher un homme de perdre confiance en soi-même. Le bonheur est une aide, et un mariage assorti apporte le bonheur ; par conséquent, il apporte une aide. Une femme qui a du tact et de la bonté peut être une aide très appréciable pour tout homme ; elle peut aussi être un ornement dans la vie.

Les femmes ont, pour ainsi dire, une seconde vue ; elles lisent dans votre cœur et savent tout vous dissimuler.

Achille Brizonni.

Quand l'homme est en colère, seule la femme peut le calmer par ses caresses et ses douces paroles.

L. PEYRONNET.

Les femmes ont un goût naturel pour tout ce qui est beau, élégant, splendide et riche ; c'est elle qui est la cause du progrès dans les arts et l'industrie.

A. KARR.

La femme est la négation du beau, elle ne comprend rien ; c'est l'égoïsme incarné.

A.-G. GAGNA.

C'est la femme qui civilise tous les peuples.

L. PEYRONNET.

Quand l'homme seul mène une mauvaise conduite tout n'est pas perdu, parce que la femme peut le relever.

PÈRE VENTURA.

Dans un baiser la femme nous ravit tout notre cœur !

L. PEYRONNET.

Dans notre siècle les femmes ont beau nous faire des promesses d'un amour éternel ; il ne dure seulement pas un jour.

DE PROPRIAC.

Il y a des femmes qui passent à travers la vie comme des zéphyrs du printemps qui vivifient tout.
Necker.

Voici les principales qualités de la femme : elle est inconstante, légère, changeante, indifférente, faible, méchante et perfide.
Beauzon.

Dans la prospérité c'est la femme qui fait le plus grand charme de notre félicité ; dans la misère, notre unique consolation.
L. Peyronnet.

Que la femme soit bonne ou mauvaise, ce qu'il y a de certain c'est que c'est elle qui nous enseigne la gentillesse.
Saint-Evremont.

Le meilleur éloge que l'on puisse faire à une femme c'est de lui dire beaucoup de mal de sa rivale.
Mme de Girardin.

Les femmes sont tellement divines dans leurs folies que l'on vendrait son âme au diable pour ces anges de la terre.
L. Peyronnet.

Les langues de femmes tuent plus de gens que les baïonnettes.
Proverbe turc.

La plus orgueilleuse des femmes donnerait facilement toutes les gloires du monde pour un moment de véritable amour.

Michelet.

Voulez-vous être belles, mesdames ?
Soyez bonnes, car la bonté se reflète sur le visage.

L. Peyronnet.

Dites du mal de toutes les femmes en général et toutes se révolteront contre vous ; parlez mal d'une seule femme en particulier et toutes vous applaudiront.

Bougeart.

Le bonheur de la femme est d'obéir en tout et pour tout aux simples désirs de son mari.

Mme de Gasparin.

Dans la grâce des mouvements de la femme, dans l'élégance idéale de ses formes, nous voyons qu'elle a été créée pour la contemplation de nos yeux.

Quand tu voudras faire la folie d'aimer une femme renonce à toi-même.

Proverbe arabe.

Les femmes ont été créées pour rendre les hommes fous.

Charles Lemesles.

Dans le malheur, la femme est le meilleur médecin pour l'homme.

L. PEYRONNET.

Il y a beaucoup de femmes qui regardent les hommes comme un jeu de cartes ; elles s'en servent quelques jours et puis le mettent de côté pour en prendre un autre.

POPE.

La femme est un homme imparfait.

AVERROÈS.

Dans toutes les traverses de la vie, la femme est un ange consolateur qui nous encourage et nous fait espérer un avenir meilleur.

L. PEYRONNET.

Honore la femme, mais crains les séductions de sa beauté et surtout celles de son cœur.
Ne laisse jamais enchaîner ton cœur par l'amour.

SILVIO PELLICO.

Coquette... ton nom est femme !

L.-A. PERUSSIA.

Il me semble que dans le mariage la beauté est bien plus à fuir qu'à chercher, car au bout de trois semaines le mari n'y fait plus attention et le danger reste.

Jean-Jacques Rousseau.

L'homme malade ne trouvera jamais de meilleurs médecins que sa femme ; ses soins empressés et ses caresses valent plus que toutes les spécialités les plus renommées.

L. Peyronnet.

Rien de plus à craindre chez la femme que ce qui plaît à la vue. Belle figure ; esprit orgueilleux. La beauté passe, mais la fierté reste et cause, dans un ménage, tous les ennuis en faisant verser des larmes amères.

Blanchard.

C'est une grande satisfaction que d'avoir une belle femme ; mais à côté de la joie il y a des dangers.

Pope.

Les femmes sont la partie la plus généreuse de la famille.

G. Garibaldi.

Les preux du temps passé se faisaient tuer pour obtenir un sourire d'une femme.

P. Stahl.

L'amour d'une femme n'est pas autre chose que la volonté de se sacrifier.

Ernest Pitawal.

La femme est un ange créé par Dieu dans son plus grand transport d'amour.

L. Peyronnet.

Pourquoi l'île d'Itaque est devenue célèbre ? Parce qu'une femme fidèle l'habitait : Pénélope.

P.-J. Stahl.

Quand une femme nous montre ses bras, ses épaules et ses seins, ce que l'on appelle vulgairement du décolletage, elle fait rire les imbéciles, ne plaît à personne et répugne aux hommes sérieux.

L. Peyronnet.

Presque dans tous les pays les lois sont en faveur des hommes et leur donnent tout pouvoir sur les femmes. C'est un grand tort car ils en abusent bien souvent.

Thomas Taine.

La faiblesse de la femme est sa poésie et c'est par là qu'elle séduit l'homme.

Ernest Pitawal.

Il y a des maris si injustes qu'ils exigent la fidélité de la part de leur femme, tandis qu'eux l'oublient. Je les compare à un général qui s'enfuit au moment de la bataille pendant que ses soldats se font massacrer.

Plutarque.

La femme est supérieure à l'homme par l'esprit et par la beauté.

Eugène Pelletan.

Je fais des vœux pour que, le plus promptement possible, les femmes soient émancipées ; entendons-nous : de leur orgueil, de leur jalousie et de leur fierté.

Dr V. Cavagnis.

Plutarque, dans son histoire universelle (datée de l'an 75 de notre ère), rapporte que dans toutes les nations, depuis que le monde est monde, il y a eu des femmes qui ont donné de grands exemples de courage et même bravé la mort.

Il cite, entre autres, les Phocéennes qui, avant un combat où il s'agissait de la destruction de leur ville, jurèrent toutes de se brûler vives si la bataille était perdue.

Dans des combats meurtriers on a vu des mères se placer devant leurs fils et les supplier de vaincre ou de mourir. Dans des sièges célèbres on a vu les femmes voler aux fortifications et repousser l'ennemi.

Beaucoup de femmes ont délivré leur Patrie.

L. PEYRONNET.

LES FEMMES ONT RAISON D'ÊTRE GOURMANDES

Le penchant du beau sexe pour la gourmandise a quelque chose qui tient de l'instinct ; car la gourmandise est favorable à la beauté.

Une suite d'observations exactes et rigoureuses a démontré qu'un régime succulent, délicat et soigné, repousse longtemps et bien loin les apparences extérieures de la vieillesse.

Il donne aux yeux plus de brillant, à la peau plus de fraîcheur, et aux muscles plus de soutien. Et, comme il est certain, en physiologie, que c'est la dépression des muscles qui cause les rides, ces redoutables ennemis de la beauté, il est également vrai de dire que, toutes choses égales, les personnes qui savent manger sont comparativement de dix ans plus jeunes que celles à qui cette science est étrangère.

Les peintres et les sculpteurs sont bien pénétrés de cette vérité ; jamais, en effet, ils ne représentent ceux qui font abstinence par choix ou par devoir, comme les avares ou les anachorètes, sans leur donner la pâleur de la maladie, la maigreur de la misère et les rides de la décrépitude.

BRILLAT-SAVARIN.

La douceur est la première et la plus importante qualité des femmes ; leur voix si douce n'est pas faite pour prononcer des insultes.

JEAN-JACQUES ROUSSEAU.

La femme a tout contre elle : nos défauts, sa timidité, sa faiblesse ; elle n'a, en sa faveur, que l'esprit et la beauté.

Il est très rare de trouver une femme sans esprit.

L. PEYRONNET.

Les femmes désirent plutôt souffrir que jouir.

DESMOUSTIERS.

L'esprit des femmes est comme le jardin de l'Eden qui produisait beaucoup de fleurs sans culture.

SANIAL DURAY.

La femme a été créée pour tourmenter l'homme, et dire que l'on ne peut pas s'en passer !!

L. PEYRONNET.

Entre deux femmes il existe le même amour qu'entre deux épiciers ayant leur boutique face à face.

ALPHONSE KARR.

Autant l'amour d'une jeune femme est chaste, autant la nature de l'homme est dégradante.

A. BASTA.

C'est dans un moment de folie que Dieu créa la femme ! cet être repoussant, pire que la vipère, que le lion, traître, infidèle, véritable rebus de l'humanité.

JULES CÉSAR.

La femme est la reine d'amour de l'homme sérieux.

L. PEYRONNET.

La femme semble faite pour adoucir la colère de l'Être Suprême, pour adoucir les sentences des tribunaux envers les coupables et pour soigner les plaies. L'homme peut être comparé à la destruction et la femme à « l'Ange de la Paix ».

LOUIS DESNOYERS.

La femme est un oiseau qui voudrait vivre dans une cage d'or,

ALPHONSE KARR.

La plus grosse insulte que l'on puisse faire à une femme c'est de lui dire qu'elle est vieille ou laide.

ARIOSTE.

Ne battez jamais votre femme, aurait-elle cent fois tort ; il est indigne de la part d'un être fort de frapper un être si faible et si doux.

L. PEYRONNET.

Il y en a beaucoup qui ont péri par la beauté des femmes ; leurs yeux sont comme des flammes qui vous brûlent.

L'Ecclésiaste.

L'esprit de la femme ressemble beaucoup au diamant ; il est fin, précieux, lance des feux ardents et des étincelles de feu.

P. Stahl.

La femme la plus abrutie dans le vice sait toujours trouver un sophisme pour prouver qu'elle est sage.

Antoine Ghislanzoni.

Le commandement d'une femme est un commandement de douceur, de finesse et de tendresse ; ses ordres sont des caresses, ses menaces sont des larmes.

Jean-Jacques Rousseau.

A la maison la femme doit régner comme un Empereur dans ses Etats ; mais elle doit toujours suivre les conseils de son mari ; sans cela c'est la misère, le désordre, le scandale et le déshonneur.

L. Peyronnet.

Quand Dieu se fit homme pour nous sauver, la femme se fit diable pour nous perdre.

Dr Beauzon.

Les femmes s'ornent de leurs larmes comme de perles et de diamants.

PAUL DUPLESSIS.

La femme est belle par les soins qu'elle donne à ses enfants ; elle est noble par tous ses sacrifices.

F. VOISIN.

Tout ce que fait une mère pour son enfant nous touche le cœur et nous force à l'admirer.

L. PEYRONNET.

La vie de la femme est une longue dissimulation.

RÉTIF DE LA BRETONNE.

Les femmes sont comme les sangsues. En s'en servant avec prudence elles peuvent être utiles, mais si vous en abusez elles vous conduisent au tombeau.

L.-A. PÉRUSSIA.

La femme est une erreur faite par l'homme.

DE GONCOURT.

La femme coquette se plaît à faire verser des larmes à celui qui l'aime, elle est un désastre pour la famille et la cause de la mort de son mari.

L. PEYRONNET.

La femme coquette aime à se plaire dans les larmes qu'elle fait verser.

L. PEYRONNET.

Peu et même très peu de femmes valent la peine qu'on les plaigne.

BEAUMARCHAIS.

La nature a dit à la femme : « Sois belle si tu peux, sage si tu veux, mais sois toujours digne d'estime. »

BEAUZON.

L'imagination de la femme cherche le secret et l'ombre.

J. JOUBERT.

Trouver une femme qui ne soit pas bavarde, ce serait trouver une perle.

GUADAGNOLI.

Celui qui oubliera les douleurs de sa mère à sa naissance sera maudit.

LIVRES SACRÉS INDIENS.

La femme est rarement infidèle et quand vous l'êtes elle vous pardonne.

G. GARIBALDI.

C'est un spectacle bien émouvant que de voir une mère de famille soigner ses enfants, prendre soin de son ménage et rendre son mari heureux.

Jean-Jacques Rousseau.

L'homme et la femme sont deux êtres inséparables, l'Eternel les a créés l'un pour l'autre.

L. Peyronnet.

Il n'y a pas de crimes plus odieux que de tourmenter une femme, à cause de sa faiblesse, pour la dépouiller de tout ce qu'elle a.

Livres Sacrés Indiens.

L'homme qui se laisse commander par sa femme n'est ni homme ni femme : il n'est rien.

Napoléon Ier.

Les femmes prennent l'amour comme un espace : elles s'y prêtent, mais elles ne s'y donnent pas.

Mme de Lambert.

Le mariage heureux est ce qu'il y a de plus beau au monde. En cas de discussion le monde pardonne tout à l'homme, mais rien à la femme.

L. Peyronnet.

Il ne faut jamais se fier aux femmes car elles lisent dans nos yeux ce que nous pensons.

Paul Duplessis.

Dans toutes les classes d'animaux c'est la femme qui donne l'exemple de la dépravation.

Champfort.

La beauté sans l'éducation est un aimant qui attire les cœurs sans les lier.

Gayot de Pitawal.

Quand vous parlez d'amour à une femme faites-le à mots couverts ; elle devine tout et lit vos lettres entre les lignes : c'est très malicieux, la femme.

L. Peyronnet.

Si les hommes pouvaient se prendre avec le hameçon, toutes les vieilles femmes en auraient un.

Afranio.

L'histoire nous apprend que les hommes ont fait beaucoup plus de mal que les femmes.

P. Charron.

La femme pure dont l'homme a fait sa moitié pense et veut comme lui.

Michelet.

Par nature la femme est douce et bonne, c'est un ange qui nous rend bons.

L. Peyronnet.

Les femmes ont généralement moins de douceur chez elles que loin du foyer.

Tacite.

Les démons sont venus trouver les filles de l'homme et tous ont été bien reçus. C'est la dernière ignominie.

Tertullien.

La femme fait signe de refuser quand elle désire.

Maffei.

Les femmes réellement délicates sont comme les abeilles ; elles cherchent les fleurs.

L. Peyronnet.

Celui qui se confie à une femme se confie à un voleur.

Ésiode.

La femme est tout ce qu'il y a de plus trompeur ; elle veut et ne veut plus, bien fou qui s'y fie.

Le Tasse.

Il semble que la femme et le soleil se sont partagés l'empire du monde.

L. Peyronnet.

Quand un homme prend une femme le seul désir de celle-ci est de lui plaire et, s'il la délaisse, elle a le cœur brisé et souvent, même, elle se donne la mort.

Torquato Tasso.

La souffrance est la vie même de la femme ; elle souffre plus que nous et est plus résignée.

Michelet.

La femme qui n'aime qu'un seul homme est un véritable trésor.

L. Peyronnet.

La femme est très changeante ; son amour pour un homme dure bien peu de temps.

Pétrarque.

Toutes les femmes sont héroïques quand elles savent qu'elles sont toutes à un brave homme sans défauts.

Balzac.

Une femme qui a été belle et spirituelle est, dans sa

vieillesse, comme une fleur qui a perdu ses couleurs mais conservé son parfum.

L. PEYRONNET.

Deux sortes de larmes s'échappent des yeux, l'une de vraie douleur, l'autre de tromperie.

PYTHAGORE.

La beauté engendre plus de douleurs que de joies.
Ce qui rend dangereux le visage d'une belle femme c'est que chaque mouvement nous semble un mot d'amour.

TOMMASO.

La femme est un être qui semble soumis à la fatalité ; la nature la remet à l'homme aimante, soumise et avec un besoin perpétuel d'être aimée et protégée. Pour qu'elle reste vierge, innocente, elle s'en rapporte à la bonté de l'homme. Quand elle se donne c'est sans réserves.

L'homme faisant les lois les a faites en sa faveur et au détriment de la femme ; c'est indigne de voir que le fort opprime le faible !

L. PEYRONNET.

Une femme est délicate dans tout ce qu'elle fait, même quand elle fait le mal.

P. STAHL.

La femme seule peut honorer l'homme et le rendre heureux.

Proudhon.

Il n'y a pas de doutes, l'amour forme les délices et les intérêts de leur vie ; c'est l'âme de leur pensée et leur propriété exclusive.

Catalani.

Il semble que dans le cerveau de la femme il y a une cellule de moins, mais il y a une fibre de plus.

Champfort.

Une belle femme est un temple bâti sur une mare infecte et croupissante.

Diogène.

Un bel extérieur est pour la femme un danger de séduction.

Marc Aurelio.

Les défauts des femmes proviennent de leur faiblesse, de leur tendresse et ressemblent aux petites taches de la lune.

L. Peyronnet.

La femme est un mélange de bien et de mal. Semblable à l'ange rebelle qui, se souvenant du ciel, travaille pour l'enfer, la femme est un être commencé par Dieu et terminé par Satan.

Impérieuse malgré sa faiblesse, ingénue et rusée, peureuse et intrépide, on se demande si vraiment elle appartient bien à la race humaine.

A. Houssay.

Les idées géniales viennent presque toujours de la femme.

L. Peyronnet.

Dans une famille pauvre la femme est l'économie, l'ordre et la providence.

Michelet.

Les femmes voient tout et principalement ce qu'on voudrait leur cacher. Si j'avais besoin de découvrir un secret ou un trésor, je prendrais, comme guide, une femme, fût-elle aveugle même.

Stahl.

La voix de la femme vous touche le cœur et fait vibrer tous vos sens.

L. Peyronnet.

Ce qu'il y a de plus beau en ce monde, ce sont les femmes et les roses.

L. Peyronnet.

Une femme méchante est capable de tout.
VALÈRE LE GRAND.

Il n'y a que la charité qui puisse combler l'abîme qui est sous les pieds de la femme dévergondée.
TOMASEO.

Pour l'amour la femme aime un jour, mais devenue mère, elle aime pour toute la vie.
L. PEYRONNET.

L'amour est le premier auteur du genre humain.
VAUVENARGUES.

Une des principales qualités de la femme est sa finesse d'appréciation du beau et de l'héroïsme. Soyez joli, courageux et vous aurez, avec ses applaudissements, son affection sincère.
G. GARIBALDI.

La femme vertueuse fuit le danger, par prudence, de peur que ses forces ne la trahissent.
L. PEYRONNET.

Il n'y a rien d'aussi terrible sur terre qu'une mauvaise femme.
DIOGÈNE.

La femme est l'éducatrice de l'homme ; c'est pour

lui plaire qu'il est poli, élégant et courtois.

L. PEYRONNET.

Les larmes d'une femme sont le condiment de sa malice.

ABBÉ CONCORDIA.

Les pleurs d'une veuve ne sont que le désir d'un nouvel époux.

MONETI.

Savez-vous pourquoi les musulmans prennent plusieurs femmes ?... C'est parce qu'un diable chasse l'autre.

L. PEYRONNET.

La femme ne devient spirituelle qu'à force de vertu.

Mme DE LAMBERT.

Les femmes ont des défauts, nous avons des vices.
P. STAHL.

Avec la conduite que nous tenons envers les femmes, nous travaillons pour leur donner tous les défauts que nous leur reprochons.

DESNOYERS.

Il y a deux genres de femmes qui méritent notre estime : celles qui sont toujours restées vertueuses et celles qui après avoir tombé ont le courage de revenir dans le sentier de la vertu.

Rétif de la Bretonne.

La femme est un ange céleste qui pardonne toutes les fautes à celui qu'elle aime.

L. Peyronnet.

L'expérience nous prouve que chez la femme l'esprit ne sert qu'à couvrir la faiblesse.

L. Beaumelle.

La femme est absolument faite pour souffrir, aimer et penser.

L. Peyronnet.

Il est absolument impossible de comprendre la femme ; plus on l'étudie et moins on la connaît.

Dr Beauzon.

Une beauté sans grâce est une rose sans parfum.
Boiste.

La moitié du petit commerce est confié à la femme qui l'exerce mieux que l'homme.

Beyle.

Bien souvent, quand la femme a tort, c'est par

erreur, tandis que nous, c'est toujours par notre faute.

Beauchêne.

Quand Dieu créa le monde il fit de la prose : l'homme. Il fit aussi de la poésie : la femme.

Napoléon Ier.

La plus grande partie des femmes sont des trésors cachés que nous ne découvrons qu'après les avoir perdus.

L. Peyronnet.

Quand la femme veut commander, il est certain que la misère et le scandale tombent dans la maison.

Jean-Jacques Rousseau.

Les femmes sont faites pour nous aimer et nous consoler dans nos afflictions, et nous, pour les aimer et les protéger contre tous les dangers.

De Ségur.

La femme est comme l'atmosphère de notre cœur ; nous naissons d'elle et c'est en elle que nous vivons.

L. Peyronnet.

Les désirs d'une femme sont comme les asperges

qui, à peine coupées, repoussent avec plus de vigueur.

Ricard.

Au son de la voix j'ai cru entendre ma fiancée. Oui, mais au lieu d'appeler Arthur, elle demandait Pascal.

A. Ghislazoni.

Pour moi, l'homme qui insulte une femme est aussi vil que celui qui l'aime est fou.

Paul Duplessis.

Le véritable honneur d'une femme, c'est la fidélité, comme celui de l'homme est l'honnêteté.

L. Peyronnet.

Toutes les femmes ont un peu la tête au ciel ; aussi il y a peu d'hommes qui puissent les accompagner dans leurs voyages d'amour qu'elles font au-dessus des nuages.

P. Stahl.

Les femmes se doivent à elles-mêmes la majeure partie de leurs défauts ; mais nous devons avouer franchement que nous leur devons presque toutes nos qualités.

Dr Lamselé.

Les femmes font beaucoup d'heureux et trop d'ingrats.

L. Peyronnet.

La modestie chez la femme a beaucoup d'avantages ; elle augmente leur beauté et voile leur laideur.

Fontenille.

Cherchez, cherchez bien, et au fond de tous vos désirs et de vos actions, vous trouverez la femme.

A. Guyard.

Les hommes se croient faits pour guider et protéger le sexe faible et timide, et en attendant ce sont eux qui l'affligent, maintiennent sa timidité et profitent de sa faiblesse.

Mme Riccoboni.

Prenez une femme qui soit un peu intelligente, assez belle et amoureuse, elle fera faire à l'homme tout ce qu'elle voudra.

L. Peyronnet.

Les femmes sont des créatures plus dangereuses, plus perfides, plus cruelles que les vampires.

Dr Beauzon.

Les femmes pleurent deux fois ; la première quand elles se donnent à leur mari et la seconde quand il mourt ; mais je crois fortement que parmi les deux fois il y en a une qui est fausse, pour ne pas dire les deux.

L. PEYRONNET.

Les femmes impudiques sont la honte de l'humanité.

DESCURET.

Ce que veut une femme est écrit au ciel.

LA CHAUSSÉE.

L'orgueil d'une femme n'est pas une imperfection, car elle dérive de sa nature.

BELLEGARIGUE.

Partout où les femmes sont tenues en considération, les hommes sont libres et vertueux.

J. CABANIS.

La première fut appelée Eve et Vie, selon la Genèse ; la deuxième fut appelée Eucaride ; c'est-à-dire *pleine de grâce*, ce qui prouve que la femme a toujours été admirée.

L. PEYRONNET.

Une belle femme sans instruction et éducation est un palais sans toiture.

E. DENFERT.

La femme a beau se farder, son âme perce à travers.

SHAKESPEARE.

Le cœur de la femme est un vase rempli de parfums.

L. PEYRONNET.

Quand vous aurez donné à une femme le nom sacré d'épouse, vous devez vous consacrer à la rendre heureuse, comme elle aussi doit le faire pour vous.

SILVIO PELLICO.

Quand, du chaos, Dieu fit sortir les cieux, l'eau, la terre et l'homme, pour mieux faire il créa Eve et puis se reposa, car il venait de faire un véritable chef-d'œuvre.

SIMONIN.

L'amour d'une femme vous rend bon, ingénieux et sensible.

L. PEYRONNET.

Pour juger du mérite d'une femme, il faut absolument attendre qu'elle soit vieille.

Mme GUIBERT

Chez la femme tout ce qui brille n'est pas or.

SALVATOR ROSA.

Dans la vieillesse la femme qui plaît le plus à l'homme, c'est celle qui lui a sacrifié sa jeunesse.

L. Peyronnet.

Quand la femme est seule à penser, elle pense toujours mal.

Publio Siro.

Les défauts que nous reprochons aux femmes sont des vertus quand nous en profitons et des vices quand ils tournent contre nous. Nous sommes tous des égoïstes.

A. Ricard.

Les femmes luttent perpétuellement contre un mauvais destin; nous sommes forcés d'avouer qu'elles ont un grand mérite.

L. Peyronnet.

C'est à cause des femmes que l'on a inventé le proverbe : « Les apparences trompent. »

Sénèque.

La femme sait bien mieux que nous cacher ses pensées.

B. Guarini.

La femme est comme votre ombre ; suivez-la, elle s'enfuit ; fuyez-la, elle vous suit.

L. Peyronnet.

Belle femme, doux venin et mauvaise tête.

Dr BEAUZON.

Pour paraître belles, il y a beaucoup de femmes qui se rendent laides.

L. PEYRONNET.

Celui qui a une jolie femme, ordinairement, ne l'a pas tout seul ; la beauté et la chasteté se font la guerre.

L. PEYRONNET.

Diogène, voyant une femme pendue à un arbre, s'écria : « Plaise à Dieu que tous les arbres portent des fruits pareils. »

CARLO MALO.

Dans le journal *La Liberté* M. Paul Bosq a publié un article que je lui demande pardon de reproduire ici ; mais je sais qu'il fera grand plaisir à mes lecteurs et beaucoup plus encore à mes lectrices.

Lisez-le, mesdames, et méditez-le, car il est digne de vos beaux yeux et vous plaira sûrement.

FÉMINISME

Un peu partout, sauf en France où les apôtres du féminisme ne poursuivent que des conquêtes politiques et réclament pour leurs clientes le droit au vote et le droit à la députation, des esprits sérieux suivent avec sympathie et encouragent les incessants efforts de la plus belle moitié de nous-mêmes pour conquérir le droit au travail, élargir le domaine où l'activité de son intelligence se déploie, s'évader victorieusement de la prison où des Chrysales qui retardent prétendent l'enfermer et la murer.

Les uns lui reprochent doucement de vouloir lâcher la proie pour l'ombre et s'étonnent que cette idole s'obstine à descendre de son piédestal. Les autres s'arment contre elle d'ironie. Il en est enfin qui prennent des airs farouches, des attitudes guerrières contre ces jupes envahissantes et les excluent de ces carrières libérales dont ils s'arrogent le monopole exclusif.

Ces intransigeants défenseurs des droits de l'homme reprochent néanmoins aux ouvriers, avec une inconséquence qu'ils ne paraissent pas soupçonner, leur inadmissible prétention d'interdire aux femmes l'accès de certains ateliers, de ne reculer ni devant les menaces ni même devant la grève pour en finir avec une concurrence qu'ils trouvent trop dangereuse.

Ils leur ont prouvé, sans réplique possible, que la lutte pour l'existence n'autorisait point un pareil abus de la force et qu'on ne saurait, pour vivre, condamner les plus faibles à mourir de faim.

Cependant lorsque des jeunes filles voulurent franchir les portes de l'école des Beaux-Arts, un certain nombre de jeunes gens, qui n'étaient pas des ouvriers, se livrèrent à une série de manifestations bien autrement brutales. Ils avaient peut-être des prétextes, mais, de bonnes et valables raisons, ils n'en avaient aucune. Il suffit, en effet, de parcourir nos divers Salons, ceux du Grand-Palais aussi bien que ceux des cercles, et ces exhibitions qui se succèdent maintenant d'un bout à l'autre de l'année, pour se convaincre que les tableaux, les statues, les aquarelles, les bustes signés de noms féminins ne sont pas inférieurs à la moyenne et que le talent ne se trouve pas toujours du côté de la barbe. Nul ne s'avisera, par exemple, de prétendre que nos modernes portraitistes ne font pas regretter une Vigée-Lebrun.

Après cette levée de palettes, ce fut l'insurrection des toges et messieurs les avocats, bien qu'ils se piquent de libéralisme et se félicitent de marcher en avant de leur siècle, ne montrèrent pas un esprit sensiblement plus large que celui de messieurs les rapins. Ici encore, dans ce Palais de Justice que la gent avocassière fait retentir de généreuses tirades, se posa de nouveau la question de savoir si la force de l'homme primerait le droit de la femme, si le jupon devait le céder à la robe.

Après de sérieuses et de fortes études, après de brillants examens, après avoir conquis tous ses diplômes, une jeune fille annonce sa résolution parfaitement légitime et raisonnable d'ouvrir un cabinet, d'avoir des clients, de les défendre par la plume et la parole. Elle demande à se faire inscrire au barreau et, là-dessus, les avocats s'indignent. Les uns protestent contre la concurrence, les autres abondent en plaisanteries faciles sur le verbiage des femmes, sur l'insurmontable difficulté qu'elles éprouveront à garder le secret professionnel et, ce qui parut plus surprenant encore, sur l'inconvenance qu'il y aurait à leur permettre d'endosser l'uniforme obligatoire. Il semblait, à les entendre, que, devant un tribunal, le sexe fort pût seul s'affubler d'une robe sans prêter à rire aux mauvais plaisants. Ce fut beaucoup de bruit pour une omelette au lard. A la fin, cependant, ces demoiselles l'emportèrent. Victorieuses, elles n'abusèrent pas de leur avantage et nous ne possédons encore que deux femmes-avocats, dont l'une plaide à Paris et l'autre en province.

Il convient de rendre aux carabins cette justice qu'ils ne défendirent point avec la même aigreur leurs prétendus privilèges ; mais les faiseurs de quolibets s'en donnèrent à cœur-joie et lardèrent d'épigrammes excessivement spirituelles la femme-docteur. Nous en possédons néanmoins un certain nombre et qui exercent, et qui n'enterrent pas beaucoup plus de malades que leurs confrères barbus. Ceux qui réclament leurs soins guérissent ou meurent selon leurs chances et la force de tempérament. Elles ne paralysent pas plus que leurs rivaux l'action souvent bienfaisante de la nature.

La femme-auteur n'eut point à livrer ces luttes héroïques. On prétendra peut-être qu'il y a, chez tout écrivain, un galant homme qui rougirait de frapper, même avec une fleur, celle que chanta Legouvé ; ce serait peut-être excessif et tant d'épigrammes à l'adresse des bas-bleus le prouvent. La vérité est qu'il n'y eut point de lutte parce qu'il n'y avait pas d'obstacle à renverser ni de porte à enfoncer. Il n'est besoin, pour écrire, que d'un peu d'encre et de papier ; point d'examens, point d'écoles ni de diplômes. Ceux qui lisent beaucoup s'en aperçoivent assez ; ils s'en convaincraient mieux encore s'ils connaissaient tout ce qu'on ne publie pas. Et puis, à quelque Philaminte, à quelque Armande, il est trop facile vraiment d'opposer une Mme de Sévigné, une Mme Dacier, une George Sand, une Mme Arvède Barine et, la dernière en date, Mme Henri de Régnier dont le talent n'est pas le moins exquis ni la plume la moins subtile.

On les admettait toutes, et en bloc, à l'honneur du livre et des revues ; mais, dans le journal, non. Roman, critique, théâtre, poésie, tant qu'elles voudront ; mais le reportage, voilà certes jusqu'où ne peut se hausser la capacité de leur esprit. On ne les voyait pas davantage écrivant la chronique des tribunaux, rédigeant un article politique, faisant le compte rendu des Chambres. Elles essayèrent néanmoins, et quelques-unes y réussirent. Elles eurent même un journal bien à elles, exclusivement à elles, qui languit et mourut. Cet accident, d'ailleurs, ne prouva pas grand'chose ; tant d'autres feuilles tombent même pendant ces beaux jours où celles des arbres poussent !

En somme, il n'est point d'homme raisonnable qui ne convienne qu'il est moins surprenant de voir une femme sculpter, peindre, soigner ses semblables, écrire, plaider, qu'un homme confectionner des robes, s'établir modiste, mesurer des étoffes ou vendre des corsets.

Mais ceux-là mêmes qui se constituent d'office les défenseurs de Jenny l'ouvrière quand elle réclame sa place à l'usine ou à l'atelier ne veulent pas admettre qu'une jeune fille ou une femme puisse exercer quelque profession libérale. Ils ont des arguments pour prouver que l'honneur d'appartenir à la classe moyenne, à ce que nos pères appelaient le Tiers État, leur fait un devoir de mourir de faim ou de se mal conduire. C'est leur libéralisme, leur logique, leur justice. Il suffit qu'elles appartiennent à un certain monde pour que travailler soit déchoir.

Cependant, au train dont les choses se précipitent, il apparaît que, dans un avenir pas très lointain, ouvrières ou bourgeoises, riches ou pauvres, seront amenées à demander au travail ce qu'il ne refuse presque jamais à personne. La fortune ne sera plus qu'une première mise de fonds permettant aux plus favorisées de pousser en avant avec moins d'efforts et plus vite.

Il ne sera pas indispensable pour cela que le socialisme triomphe ; il suffira de quelques nouvelles conversions de la rente, d'une plus grande dépréciation des terres. La lutte pour l'existence en deviendra plus âpre et plus dure.

Dans cette société future, qu'on commence à entrevoir, il y aura peut-être encore des bras oisifs, mais les bouches qu'ils ne nourriront point seront réduites au jeûne. Sans distinction de classe ni de sexe, il faudra que chacun travaille de ses mains et de son cerveau, et la plus sûre dot sera encore celle qu'une jeune fille intelligente, laborieuse, aura su acquérir par son pinceau, sa plume, son ébauchoir, son commerce, son industrie, sa lancette ou son éloquence.

Aussi, loin de décourager, loin d'entraver les courageux efforts de celles qui s'efforcent d'assurer par le travail leur indépendance, convient-il d'honorer leur initiative, d'encourager leur raisonnable révolte contre de vieux préjugés et leur ferme résolution de ne devoir qu'à elles-mêmes l'aisance ou le pain de chaque jour.

Paul Bosq.

(Extrait de la Liberté du 15 janvier 1904.)

La femme qui remplit bien son rôle est pleine de grâce et est la vraie compagne et amie de l'homme.

L. Peyronnet.

Les femmes, pour arriver à la perfection dans les arts, ont beaucoup moins de peine que nous.

Boudier de Villemert.

La femme a un si mauvais caractère qu'elle n'est même pas contente d'elle-même.

Mme de l'Espinace.

Les femmes aiment à rire par goût et coquetterie ; c'est pour montrer leurs belles dents, si elles en ont.

Desnoyers.

Tout peuple qui ne respecte pas la femme est un peuple barbare.

L. Peyronnet.

La femme a plus d'esprit ; l'homme plus de génie ; la femme observe ; l'homme raisonne ; c'est ainsi que la lumière éclaire la science.

Jean-Jacques Rousseau.

Dans sa voix la femme a une certaine harmonie, un charme que nous ne pouvons imiter et auquel il nous est impossible de résister.

L. Peyronnet.

Ce que les plus grands philosophes n'ont pu réaliser, une femme l'a fait : elle a démontré que les esclaves sont des hommes comme nous ; que les blancs ne valent pas plus que les noirs; que chez les noirs il y a aussi des pères, des mères, des épouses et des enfants.

John Lemoine.

C'est aux femmes que nous devons la civilisation.

De Bourmon-Ginestoux.

Vouloir qu'une jeune fille renonce à l'amour, c'est vouloir empêcher une fleur de s'épanouir.

P. Stahl.

Le mot femme est incomparablement plus beau que celui d'homme : quand Dieu créa les deux premiers êtres, il appela l'un Adam, ce qui signifie terre, et l'autre Eve, ce qui veut dire vie. Comme la vie est préférable à la terre il semble avoir indiqué, par là, que la femme est supérieure à l'homme.

L. Peyronnet.

Le jeune garçon doit apprendre beaucoup pour devenir homme ; la jeune fille n'a qu'à croître ; elle est mieux douée.

Alphonse Karr.

L'homme enfant doit rester longtemps dans les bras d'une femme pour y puiser la candeur et la bonté que la meilleure éducation de l'homme ne saurait lui procurer.

Rétif de la Bretonne.

Il y a deux genres d'hommes qui plaisent aux femmes ; ceux qui les aiment et ceux qui les détestent.

Desnoyers.

Le seul tort d'un mari qui n'est pas aimé c'est d'être le mari de sa femme.

Dr Beauzon.

Quand les femmes savent quelque chose elles ont la prétention d'écraser les hommes sous leurs pieds.

G. Goldoni.

Quand il le faut la femme sait abréger son sommeil, se priver de manger et se soumettre à toutes les privations.

LACRETELLE.

La puanteur et l'immondicité sont l'apanage des femmes.

INNOCENT III, pape.

C'est une femme qui a écrit le plus beau livre contre l'esclavage.

Du haut de la chaire ou de la tribune, dans les journaux et dans les livres, dans tous les pays, la femme a une voix si éloquente que nous sommes forcés de l'admirer.

L. PEYRONNET.

Savez-vous pourquoi la femme déteste le serpent ? C'est par jalousie du métier.

VICTOR HUGO.

Tout ce qui est beau passe vite et est mortel.

PÉTRARQUE.

Entrez dans une salle d'hôpital remplie de malades poussant des cris de douleur et dont plusieurs font entendre des râles d'agonie ; qui est là pour les consoler ?... La femme ! !

L. PEYRONNET.

Les hommes ont tort de vouloir tout enseigner aux femmes ; elles savent tout d'avance.
César Tronconi.

Très souvent un beau visage cache une âme vile.
Ben-Johnson.

La femme n'est autre chose qu'un sépulcre blanchi.
Guerrazzi.

La beauté est le seul don que la nature ait fait à la femme.
A. Méré.

Dans sa voix, la femme a une certaine harmonie, un charme que nous ne pouvons imiter et auquel il nous est impossible de résister.
L. Peyronnet.

Passez les femmes aux rayons X... les plus belles sont les plus laides.
Dr Beauzon.

Ce n'est pas une femme spirituelle que j'aime ; mais une femme de cœur.
Wendel Holmes.

La femme est le berceau de l'humanité ; sans elle

le commencement et la fin de notre vie seraient sans secours ; le milieu sans plaisir.

L. PEYRONNET.

Les demoiselles vont au bal avec *la fleur* et en reviennent avec *le fruit*.

PROVERBE ALLEMAND.

La femme que nous aimons est pour nous une créature immaculée ; dans nos rêves, nous la voyons blanche comme les séraphins ; elle a des ailes comme les anges ; nous l'aimons jusqu'à l'adoration.

L. PEYRONNET.

Entre deux femmes la véritable amitié ne peut exister que si l'une d'elles est vieille et laide.

SAINT PROSPER.

La beauté chez une femme sans intelligence est comme un cercle d'or dans la boue.

SALOMON.

Une femme peut aimer dix fois et toujours passionnément et aveuglément, car, pour elle, l'homme aimé est toujours parfait.

L. PEYRONNET.

Rien ne détruit autant la beauté d'une femme que le jeu, la médisance et la politique.

POPE.

Les femmes absolument belles n'ont de pudeur que juste ce qu'il faut pour faire valoir leur beauté.

La femme, dit la Bible, est la dernière chose que Dieu ait faite. Il a dû la faire le samedi soir. On sent la fatigue.

Alexandre Dumas, fils.

Ne pas se fier aux beaux costumes, car souvent les apparences trompent.

Pignotti.

En baisant les pieds des statues on s'aperçoit qu'elles sont en argile.

Lemontey.

Le cœur de la femme est un abîme si profond que personne au monde n'a jamais pu le sonder.

Mme Riccoboni.

La femme est l'infamie du monde ; c'est le sépulcre de notre gloire et de notre vertu ; la nature l'a donnée à l'homme pour le tourmenter ; elle reste sur la terre au milieu de nous parce que l'enfer n'en veut pas.

Dr Beauzon.

Ange d'amour et de beauté, la femme est le plus bel être de la nature; elle est la source de tous nos plaisirs; ange de paix, elle est parmi nous pour consoler notre cœur et adoucir nos misères.

L. Peyronnet.

Le mariage engendre la misère ou le bonheur ; c'est donc un sentier dans lequel il ne faut se hasarder qu'après mûre réflexion.

Paul Cipreo.

Par le mariage l'homme et la femme se complètent mutuellement ; l'homme est nul sans la femme et la femme nulle sans l'homme.

Eugène Buisson.

On peut comparer le mariage à un char auquel sont attelés le mari et la femme ; tant qu'ils sont d'accord, tirant du même côté, le char roule très bien ; mais si l'un tire d'un côté et l'autre de l'autre, rien ne va plus.

L. Peyronnet.

Le véritable amour consiste à rendre heureux l'objet aimé.

Eloïse.

L'amour est un caprice, un délire, une surprise peut-être des sens ou du cœur.

Mme Salm.

Le mariage est la tombe de l'amour.
> PROVERBE ALLEMAND.

Celui qui prend une femme pour sa fortune ne se marie pas, mais fait une affaire ; celui qui prend une femme pour sa beauté ne se marie pas, mais satisfait son désir ; celui qui déjà vieux prend une toute jeune femme ne se marie pas, mais fait un acte de folie.

Se marier veut dire : choisir avec discernement, par inclination, sans intérêt, une femme qui vous aime.
> DUFRESNY.

Le mariage est l'arbre du bien et du mal.
> SANIAL-DUBAY.

Si nous voyons deux époux vivre cordialement, nous en trouvons cent mille qui au bout de quelques mois ne peuvent plus se voir.
> DU PLESSIS-CHAMANT.

Il y a des mariages dont le contrat semble avoir été vomi de l'enfer.
> OXENSTIERN.

Il y a dans l'amour une douce ignorance qui nous fait apparaître l'objet aimé comme l'idéal rêve de notre âme.
> L. PEYRONNET.

Il n'y a que les victimes de l'amour qui sachent en adoucir les peines.

Mme de Graffigny.

L'amour peut être comparé à la foi dans les miracles ; c'est un travail d'imagination qui excite le cœur et paralyse la raison.

George Sand.

L'amour ressemble à la peur ; il fait croire à tout.

Mme d'Aulnay.

L'amour se fait sentir même chez les êtres les plus indifférents et les plus simples ; il porte en lui un enchantement qui fascine.

Mme Desbordes-Valmore.

Le mariage est un sacrement qui bien souvent en vaut deux : le mariage et la pénitence.

L. Peyronnet.

Il n'y a rien d'aussi beau qu'un mariage bien réglé et bien pacifique.

Platon.

Ce qui constitue le vrai mariage n'est pas tant l'union des sens que l'échange des âmes.

Napoléon Ier.

Le plus triste célibat est celui du cœur.
Claude Bachi.

L'amour est le seul principe qui enchaîne notre liberté morale sans la détruire.
Mme de Gasparin.

On peut comparer le mariage à une armée ; l'avant-garde est formée par l'amour, le corps de bataille par le contrat civil, l'arrière-garde par le repentir perpétuel.
A. Trépin.

Le mariage est la corde qui attache au même char du malheur le mari et l'épouse.
Erasme.

L'amour a toujours été et restera toujours aveugle.
Proverbe.

Il y a deux genres de mariage ; celui où l'homme cherche à se faire une position et celui où il cherche à faire une position.
Jean-Paul Richter.

Le mariage, ce lien qui doit unir les corps, sert souvent à étrangler la félicité.
Shakespeare.

Dieu lui-même a commandé le mariage et a béni les premiers époux.

Il nous a fait comprendre que l'homme ne devait pas rester seul et que plus il était uni avec sa femme, plus il était heureux.

B. Franklin.

Chez certaines nations consumées par la fièvre des plaisirs, le mariage n'est autre chose qu'un calcul, un moyen de s'enrichir promptement et une vente-achat.

Lamennais.

L'être le plus fidèle et infidèle, le plus aimant et le plus haineux, le plus caressant et le plus perfide, celui en un mot qui joint la bonté, la grâce à tous les vices : c'est la femme.

L. Peyronnet.

Si le mariage n'est pas un contrat de bonne foi, un échange de confiance et d'indulgence, ce n'est plus qu'un esclavage, une chaîne pesante et insupportable.

N. Bouilly.

Très souvent l'amour rallume ses flammes éteintes au moyen de la jalousie ; mais seulement pour la femme, car l'homme n'y croit pas.

Lady Blessington.

Dans l'amour il y a un je ne sais quoi de fantastique qui est indescriptible parce que cela dépasse nos sens.

Saint Prosper.

Le mariage est une loterie qui cache une ruse.
Proverbe.

Le mariage rend l'homme plus vertueux et plus sage.
Voltaire.

Les passions pour les femmes sont les délires de leurs âmes.
Mme de Salm.

Les femmes sont comme les liqueurs spiritueuses ; on a beau dire qu'elles tuent ceux qui en boivent, on y revient quand même.
L. Peyronnet.

En amour, qu'est un jour de félicité sans lendemain ?... C'est juste le lendemain que l'esprit se remet et se rappelle.
Emile de Girardin.

Un contrat de mariage est bien souvent, entre les parties, un empêchement de vivre ensemble.
Massias.

Le mariage tel qu'il se pratique aujourd'hui est une véritable vente à la bougie.

L. Peyronnet.

Parmi les affaires sérieuses le mariage est celle qui est la plus ridicule.

Beaumarchais.

L'amour est l'agitation de la vie, l'amitié en est le repos.

Mme Cottin.

L'amour est une fleur dont nous nous ornons dans notre jeunesse ; mais l'amitié est un fruit qui se conserve dans la vieillesse.

Lady Blessington.

L'amour est la plus puissante des attractions, rien n'échappe à son influence ; il entraîne, il séduit, vous donne une vie nouvelle et place le ciel sur la terre.

L. Peyronnet.

Je suis la fleur d'amour qu'Amarante on appelle,
Et qui vient de Julie adorer les beaux yeux,
Rose, retirez-vous, j'ai le nom d'immortelle;
Il n'appartient qu'à moi de couronner les dieux.

L. Peyronnet.

C'est dans les fleurs que la femme retrouve la vive

image de sa beauté, de sa grâce et de sa fraîcheur.
L. PEYRONNET.

> Au sein d'une fleur, tour à tour
> Une heureuse image est placée ;
> Sous un myrte on croit voir l'amour,
> Un souvenir dans la pensée.
M. DUPATY.

Une cour sans femmes ressemble à un printemps sans roses.
FRANÇOIS Ier.

> La douce paix dans l'olivier,
> L'espoir dans l'iris demi-close,
> La victoire dans un laurier
> Une femme dans une rose.
M. DUPATY.

L'amour est un caprice dont la durée ne dépend pas de nous et qui est sujet au dégoût et au repentir.
NINON DE LENCLOS.

> C'est une fleur à peine éclose,
> Qui tient un peu du lis pour la fierté,
> Pour la fraîcheur, de la rose,
> Du tournesol pour la mobilité ;
> Mais par malheur un peu trop vive,
> Légère comme le zéphyr,
> Elle tient de la sensitive,
> Et fuit dès qu'on veut la saisir.
M. DUPATY.

C'est le bluet que pour vous ma main cueille,
D'un simple cœur il exprime les vœux ;
Douce amitié, c'est ton emblème heureux :
Jamais serpent n'est caché sous sa feuille.
LINNÉ.

Dans ma taille rondelette
Je plais à tous à la fois,
Mais quoique simple et jeunette
Je suis dure, même aux rois.
Dr BEAUZON.

La femme n'est pas seulement la compagne de l'homme, mais elle doit être son idole dans toutes les phases de la vie ; trésor de candeur dans son enfance, reine de beauté au jour du mariage, providence dans la maternité, ange de consolation dans la vieillesse.
L. PEYRONNET.

L'amour est cette fleur si belle
Dont zéphire ouvre les boutons ;
Mais l'amitié, c'est l'immortelle
Que l'on cueille en toute saison.
L. PEYRONNET.

Le mariage est souvent un frein à une vie dissolue ; c'est pour cela que saint Augustin s'écrie : « Quand j'allais périr dans cette bourrasque, mon père et ma mère ne songèrent pas à me faire rentrer dans le port du mariage. »
DE LINDEBORN.

Vous avez beau charmer, vous aurez le destin.
De si fraîches fleurs ne vivant qu'un matin.

L. PEYRONNET.

Le mariage est une des plus belles institutions ; il purifie les joies de l'amour, assure l'existence et l'éducation des enfants, réunit par un lien bien doux tous les membres d'une famille, donne de bons citoyens à la Patrie, à la société et à l'humanité.

HENNET.

Les lauriers les plus beaux, et dont j'ai grand désir,
Sont ceux qu'un peu d'adresse et quelques feintes larmes,
Éloignés des dangers et du bruit des alarmes,
Aux champs de Cytherée Amour nous fait cueillir.

LA FONTAINE.

L'amour a un caractère tellement particulier que quand il existe on ne peut pas le cacher et quand il n'existe pas il est impossible de le feindre.

Mlle D'ÉPINAY.

La vigne de l'ormeau décore le feuillage,
L'ormeau soutient la vigne et garantit son fruit.
Époux, soyez de même au sein du mariage ;
Servez-vous constamment d'ornement et d'appui.

L. PEYRONNET.

L'amour ne vit que de mystère et de crainte, la confiance et la sécurité le font mourir.

EMILIE DE GIRARDIN.

Regardez cette barque conduite par deux marins : quand ils rament avec ensemble, ils voguent doucement sur la mer agitée ; mais à peine ils ne vont pas ensemble que chaque vague produit une secousse et bientôt la barque chavire.

La barque c'est le mariage, les rameurs les époux ; ils naviguent sur le fleuve de la vie et ce n'est qu'avec leurs efforts réunis qu'ils pourront surmonter les difficultés du voyage.

J. Levis.

Du réséda, la fleur est comme vous, Julie,
Élégante, modeste, agréable et jolie.

L. Peyronnet.

Aimer est un plaisir charmant,
C'est un plaisir qui nous enivre
Et qui produit l'enchantement.
Avoir aimé, c'est ne plus vivre.

Dr Beauzon.

Le mariage est civil pour les intérêts, religieux pour les âmes, naturel pour les corps.

De Bonald.

Vous dont la gloire est d'être belle,
D'un sexe aimable, jeune fleur,
Prenez la rose pour modèle,
Son éclat naît de sa pudeur.

L. Peyronnet.

L'amour est un je ne sais quoi, qui vient de je ne sais d'où et qui finit je ne sais comment.

Mlle de Scudéry.

    Lorsque l'Aurore se dispose
    A sortir des bras de l'Amour
    Pour ouvrir les portes du jour,
    On lui donne des doigts de rose.

L. Peyronnet.

Les maris devraient tous se méfier de leur femme car bien souvent elles trompent par leurs singeries.

Denis Caron.

    Dès que renaissent les beaux jours,
    La rose est l'ornement des grâces ;
    Et la rose naît sur les traces
    De la déesse des amours.

L. Peyronnet.

Le mariage est une loterie dans laquelle perd même celui qui gagne.

Proverbe italien.

Pour qu'un mariage fut heureux il faudrait que la femme soit aveugle et le mari sourd.

Alphonse d'Aragona.

    Sans souci, sans tourment,
    Sans chagrin, sans martyre ;
    Sans souci, sans tourment,
    Nul plaisir en aimant.

L. Peyronnet

Vouloir qu'un mari soit heureux c'est vouloir que deux instruments, jouant le même chant dans deux tons différents, produisent de l'harmonie.

Albert Second.

Depuis que je suis au monde j'ai toujours entendu dire : « Un tel fait un beau mariage. » Il y en a donc qui en font de mauvais.

Balzac.

> Je suis la simple violette,
> Je fais le plaisir du printemps,
> Je badine, je suis follette,
> Profitez-en, jeunes amants.

L. Peyronnet.

L'amour, en France, est une comédie ; en Angleterre, une comédie ; en Italie, une comédie et partout la même chose.

Dr Beauzon.

Dans la chaîne qui unit le ciel à la terre, l'homme tient la crinière du lion et la femme celle de l'ange.

Houssaye.

> Sur les traces de ma bergère,
> Naissez, croissez, aimables fleurs !
> Puisque Laurette vous préfère,
> La rose a perdu ses honneurs.

L. Peyronnet.

Ma chérie, je vous aime plus que moi-même, mes yeux ne voient que vous, votre image est tracée dans mon cœur ; je vous aime !...

L. Peyronnet.

Va, bouquet chéri, porte à celle que j'aime l'image de mes sentiments ; dis-lui tout ce qu'un cœur épris peut sentir de plus tendre !...

Puissé-je t'animer de mes feux !... Puisse ta muette éloquence lui peindre mon ardeur ! !

Beaux œillets, brillez-y de toutes parts; tendre héliotrope faites-lui connaître l'excès de mon amour ! !

Le tournesol lui apprendra que je ne vois et ne désire qu'elle; la branche de fusain, que son image est pour jamais tracée dans mon cœur ; le myrte, les immortelles, le lierre amoureux s'unissent pour lui prouver la flamme la plus complète et la plus pure.

Celui qui t'aime.

L. Peyronnet.

La sainteté et la bonté dans les mariages sont une source de bonheur pour l'Etat.

Bossuet.

Le mariage est comme un procès : il y a toujours l'une des parties qui est mécontente.

Balzac.

> Allez, allez, ô jeunes filles,
> Cueillir les bluets dans les blés.
>
> VICTOR HUGO.

> L'amour est cette fleur si belle
> Dont Zéphire ouvre les boutons ;
> Mais l'amitié, c'est l'*immortelle*
> Que l'on cueille en toutes saisons.
>
> ALEXANDRE DUMAS.

En Hollande les filles sont coquettes et amoureuses avant de se marier ; en France elles sont mille fois pis !

DE GRAMONT.

Celui qui se marie par amour a des jours tristes et des nuits heureuses.

PROVERBE BELGE.

> Oranger, arbre que j'adore,
> Que vos parfums me semblent doux !
> Est-il dans l'Empire de Flore,
> Rien d'agréable comme vous ?
>
> LA FONTAINE.

Je ne puis aimer que pour être content et heureux ; pour moi pas de plaisir sans amour.

L. PEYRONNET.

L'amour n'est pas ce que l'on pense ; mais c'est

une aspiration vers un objet déterminé ou vers un objet inconnu.

GEORGE SAND.

Mais qui peut refuser un hommage à la rose ?
La rose dont Vénus compose ses bosquets,
Le printemps sa guirlande, et l'amour ses bouquets.

L. PEYRONNET.

Si les joies de l'amour pouvaient se prolonger nous aurions le paradis sur terre.

JEAN-JACQUES ROUSSEAU.

Le mariage est une association qui ne peut prospérer qu'à la condition que les deux époux aient une forte dose de patience.

P. STAHL.

L'automne a fui dans nos vallées,
L'hiver ramène les frimas ;
Déjà les grâces désolées
Ont cessé d'y porter leurs pas.
En nous quittant, Flore te laisse
Pour nous consoler des beaux jours.
Ainsi quelquefois la vieillesse
Dérobe une fleur aux amours.

L. PEYRONNET.

Pour ignorante que soit une femme elle comprend tout ce qui a trait à l'amour. Pour l'amitié on a besoin de parler, pour l'amour on se comprend sans parler ; sous n'importe quelle forme l'amour est la vie de la femme...

Mme FÉE.

Pour se marier il faut peu de courage ; mais, pour rester fidèle, il en faut beaucoup.

L. CHOISNET.

Femmes !... votre amour n'a pas de durée.

L. PEYRONNET.

Votre beauté vermeille est un bouton de rose,
Où chaque feuille ombrage un amour qui repose.

SAINT-LAMBERT.

Il ne s'en trouva point qui pût guérir son âme
Du ferment obstiné de l'amoureuse flamme,
Elle aimait un berger qui causa son trépas ;
Il la vit expirer et ne la plaignit pas,
Les dieux, pour le punir, en marbre le changèrent ;
L'ingrat devint statue ; elle, fleur, et son sort
Fut d'être bienfaisante encore après sa mort ;
Son talent et son nom toujours lui demeurèrent,
Heureuse si quelque herbe eût su calmer ses feux ;
Car de forcer son cœur il est bien moins possible
Hélas ! aucun secret ne peut rendre sensible ;
Nul simple n'adoucit un objet rigoureux ;
    Il n'est bois, ni fleur, ni racine,
    Qui dans les tourments amoureux
    Puisse servir de médecine.

LA FONTAINE.

Mariez le jasmin, le lilas, l'églantier,
Et surtout, que la rose, embaumant le sentier,
Brille comme le teint de la vierge ingénue
Que fait rougir l'amour, d'une flamme inconnue.
Ces trésors pour vous seul ne doivent pas fleurir.
A la jeune bergère, on aime les offrir.

L. Peyronnet.

L'amour nous caresse pour nous perdre et, sous l'aspect du plaisir, il cache l'amertume.

Fénelon.

Aimez longtemps, aimez, madame !
Aimez sans honte et sans affront.
L'amour est dans une belle âme,
Comme une fleur sur un beau front.

Dieu, qu'on devine en toutes choses,
Dans le soleil qu'il donne au jour,
Dans le parfum qu'il donne aux roses,
Se voit tout entier dans l'amour.

L'amour, c'est la blanche corbeille
Où toujours on trouve une fleur ;
Ce n'est qu'un son pour notre oreille,
Mais c'est un chant pour notre cœur.

C'est sur un Océan sans grève,
Où tout est sombre, où tout est noir,
La chanson qui donne le rêve,
La chanson qui donne l'espoir.

QU'EST LA FEMME ?

Aimez ! — L'amour, c'est la croyance :
C'est un ciel presque toujours bleu !
C'est encor la plus belle stance
Du vaste poème de Dieu.

Vous seule entendez tout entière
La voix conseillant chaque jour ;
Car l'un croit qu'elle dit : Prière !
L'autre croit qu'elle dit : Amour !

Cette voix dit : Il faut que l'âme,
C'est le Seigneur qui l'a voulu,
Joigne à l'amour qui fait la femme
La prière qui fait l'élu.

Suivez donc ce double mystère,
Cueillez la double fleur de miel ;
Amour ! c'est la fleur de la terre,
Prière ! c'est la fleur du ciel.

Alexandre Dumas fils.

Les femmes sont plus fidèles en amour ; les hommes en amitié.

La Bruyère.

L'amour est l'harmonie la plus mélodieuse ; c'est un sentiment inné en nous.

Balzac.

Sans l'amour le genre humain tomberait dans le néant.

L. Peyronnet.

> L'amour et la mort sont deux choses inévitables.
> PUBLIO SIRO.

> En vain, vous cachez sous vos voiles
> De doux yeux, brillantes étoiles ;
> Je vous aime, et je vous attends,
> Ainsi, la goutte de rosée
> Sur la verte mousse posée
> Aspire au soleil éclatant.
> L. PEYRONNET.

Un beau jour du printemps, la jeune Éléonore
Descendit au jardin pour cueillir un bouquet ;
Attirant ses regards, le jasmin et l'œillet
    La rendaient incertaine encore.
Bientôt elle aperçoit, dans le coin d'un bosquet,

    La rose qui venait d'éclore,
    Et qu'un bouton, présent de Flore,
    Par sa présence embellissait.

A ses pieds se montrait une simple immortelle,
    Dans tout l'éclat de sa fraîcheur ;
Moins vive que la rose et peut-être moins belle,
    Elle plaisait par sa douceur.

    Éléonore aussitôt vole
A l'endroit où ces fleurs croissaient paisiblement,
    Et n'écoutant qu'un goût frivole,
Elle choisit la rose et s'en pare à l'instant.

    Son attente fut bien trompée,
    La rose lui plaisait d'abord,
    Mais le soir elle était fanée
    L'immortelle était fraîche encor.

Jeunesse, imprudente jeunesse,
Tu préfères à la sagesse
Un faux éclat qui te séduit.
Apprends le sort qui te menace :
Il est un âge où la beauté s'efface,
Mais la vertu jamais ne se détruit.

Mlle HOMBERG.

Dans le mariage évitez la grande beauté. Prenez de préférence une personne dont la figure respire la bonté.

JEAN-JACQUES ROUSSEAU.

L'amour de la Vénus terrestre est terrestre ; elle aime le corps mais pas l'âme ; cet amour n'est donc pas durable.

PLATON.

J'ai voulu ce matin te rapporter des roses ;
Mais j'en avais tant pris dans mes ceintures closes,
Que les nœuds trop serrés n'ont pu les contenir.
Les nœuds ont éclaté ; les roses envolées,
Dans le vent, à la mer s'en sont toutes allées ;
Elles ont suivi l'eau pour ne plus revenir.
La vague en a paru rouge et comme enflammée ;
Ce soir, ma robe encore en est tout embaumée...
Respires-en sur moi l'odorant souvenir.

DESBORDES-VALMORE.

Vous dont la gloire est d'être belle,
D'un sexe aimable jeune fleur,
Prenez la rose pour modèle ;

Son éclat naît de sa pudeur.
L. PEYRONNET.

L'insecte regarde la rose,
Les oiseaux regardent les cieux ;
Ange et reine : mais moi je n'ose
Contempler l'azur de vos yeux.
Ah ! c'est qu'auprès de vous la rose
Est sans éclat et sans couleur ;
Et la porte du ciel m'est close
Si vous me fermez votre cœur.
XAVIER DE MONTÉPIN.

I

Mignonne, allons voir si la rose,
Qui ce matin avait déclose
Sa robe de pourpre au soleil,
N'a point perdu sa vesprée,
Les plis de cette robe pourprée,
Et son teint au vôtre pareil.

II

Là ! voyez comme en peu d'espace,
Mignonne, elle a dessus la place
Là, là, ses beautés laissé choir !
O, vraiment, marâtre nature !
Puisqu'une telle fleur ne dure
Que du matin jusqu'au soir !

III

Or donc, écoutez-moi, mignonne,

QU'EST LA FEMME ?

Tandis que votre âge fleuronne
Dans sa plus verte nouveauté,
Cueillez, cueillez votre jeunesse ;
Comme à cette fleur, la vieillesse
Fera ternir votre beauté !

RONSARD.

Cruel, pourquoi m'avoir trahie ?
Je t'aimais de si bonne foi,
J'ai tout sacrifié pour toi,
Et c'est toi qui me sacrifie !
Tu m'as condamnée à la mort !
Je te déplais, je suis coupable !
Hélas ! s'il suffisait d'aimer pour être aimable,
Ingrat, je te plairais encor.

DEMOUSTIER.

Au sein d'une fleur, tour à tour,
Une heureuse image est placée ;
Dans un myrte on croit voir l'amour,
Un souvenir dans la pensée,
La douce paix dans l'olivier.
L'espoir dans l'iris demi-close,
La victoire dans un laurier,
Une femme dans une rose.

HÉLÈNE PEYRONNET.

D'un triomphe peu mérité
Ainsi bientôt l'éclat s'efface ;
Ainsi la stérile beauté
Expire, sans laisser de trace.
Mais des vertus et des talents
La gloire n'est point éphémère ;
Comme la rose en tous les temps,
Le vrai mérite est sûr de plaire.

DUBOS.

Tu me reverras dans tes bras
Quand la Parque aura trouvé l'heure.
De coudriers et de lilas
Prends soin d'embellir ma demeure.
Je veux, dans un pareil bosquet,
Plaire encore à la jeune fillette,
Tantôt cueilli comme bouquet,
Tantôt croqué comme noisette.

L. Peyronnet.

Tendre fleur, va, pardonne aux dieux,
Qui voulurent borner ton être;
La rose immortelle, peut-être,
Eût cessé de plaire à nos yeux.
De l'homme telle est l'inconstance ;
Il aime, il oublie en un jour,
Et souvent on voit son amour
Durer moins que ton existence.

Hélène Peyronnet.

Craignez l'amour d'une femme plus que la haine d'un homme !

Socrate.

La femme a toujours été et restera toujours un mystère insondable.

L. Peyronnet.

Pensée au souvenir d'amour,
Où sont ces jours où tu disais : La vie
Sans toi n'est rien ! le bonheur, oh ! c'est toi,
Toi, c'est le dieu dont mon âme est ravie,
Qui seul m'anime, en qui j'ai mis ma foi.

L. Peyronnet.

La première chose que l'on doit rechercher dans une fille que l'on veut prendre pour épouse c'est la santé et les bons sentiments.
BUENAROWITCH.

Le mariage est comme le rideau des théâtres ; il faut le voir de loin pour le trouver beau.
DESCOTEAUX.

L'amour est une admiration insatiable.
L. PEYRONNET.

Le divorce est tellement naturel que, dans beaucoup de ménages, il dort entre les deux époux.
CHAMPFORT.

Te souvient-il de cette amie,
Tendre compagne de ma vie
Où dans les bois, cueillant la fleur
Jolie,
Hélène appuyait sur mon cœur
Son cœur ?
CHATEAUBRIAND.

L'amour est essentiellement mystérieux, il faut qu'il soit caché ; on peut dire qu'il n'y a pas d'amour quand il n'y a pas de secret et de mystère.
L. PEYRONNET.

La position d'un homme dans le mariage est celle d'une lampe exposée à tous les vents.

DELAFOSSE.

Les femmes mariées cherchent à plaire à tous les hommes, parce que, étant filles, elles n'avaient pas le droit de plaire à aucun.

BERNARDIN DE SAINT-PIERRE.

>Heureuse mère ! quelle ivresse
>Charmera vos derniers instants.
>Que de baisers, que de tendresses
>Vous prodigueront vos enfants.

DEMOUSTIER.

>Quand je vois cette fleur brillante,
>Qu'une main douce et bienveillante
>Protégea si longtemps,
>Je songe à la fille adorée,
>D'espoir, de bonheur enivrée,
>Que l'on marie à dix-sept ans.
>Comme la fleur, elle n'a point d'égide ;
>Éclose au souffle de l'amour,
>En riant, elle cherche un guide
>Pour son cœur aimant et candide
>Que la déception doit flétrir en un jour.

L. PEYRONNET.

L'amour est ennuyeux, ennemi du travail et ne fait rêver qu'aux miroirs et aux belles chevelures.

EURIPIDE.

Le mariage est l'école la plus sûre de l'ordre, de la bonté, de l'humanité et de la vertu.

Mirabeau.

Pour quatre-vingt-dix-neuf jeunes filles sur cent, les mots : « un bon mariage » signifient : cent mille francs de rentes, et le reste je m'en moque.

P.-J. Stahl.

Les femmes sont la clef du péché, les armes du démon, l'exil du paradis et la corruption de la première loi que Dieu dicta à l'homme.

Origène.

La femme est l'aide de l'homme ; elle est un ange de patience et de résignation ; c'est aussi la gardienne de sa foi, le miroir de sa connaissance et la source de ses affections.

L. Peyronnet.

La femme aime la toilette, elle est inconstante, méchante, médisante, contrarieuse, vaniteuse, présomptueuse, paresseuse, menteuse, haineuse, têtue, bavarde, portée à la colère vile, traître, vindicative, etc. En deux mots la femme est femme comme le chat est chat.

R. Père Bouvier.

Les hommes pensent à garder pour leur vieillesse

ce qu'il faut pour éviter le froid et la faim ; la femme au contraire prodigue tout.

JUVÉNAL.

La femme avec son génie de bourreau et son talent de torturer, est toujours la perte presque inévitable de l'homme.

BALZAC.

Le sentiment religieux rend belles même celles qui sont laides.

Le plus bel ornement d'une femme c'est d'être aimante.

A. GUYARD.

Les femmes sont jalouses et méfiantes ; elles aiment le vin et sont insatiables de plaisirs ; elles maltraitent, volent et trompent leur mari ; il n'y a pas de ruses qu'elles ne connaissent pas ; elles sont capables de tout.

ARISTOPHANE.

La femme qui dit « non » aime souvent beaucoup plus que celle qui dit « oui ».

STAHL.

La femme est un enfer, récipient de tous les ennemis de l'homme.

DANTE.

C'est la femme qui est la reine des amours et qui conduit l'homme.

Lazzarini.

La femme est un joujou gentil qui orne les salons et fait le désespoir à la maison. Elle a toujours le sourire sur les lèvres et le mépris dans le cœur. Toujours attentive à plaire aux autres, elle se pavane près d'eux et fait de son mari un serviteur esclave.

Paul Benfeld.

Tout ce qu'il y a de beau et d'admirable dans la vie se trouve réuni dans la femme.

L. Peyronnet.

La femme est le plus beau défaut de la nature.

Milton.

PROVERBES ET CALEMBOURS SUR LA FEMME

Pourquoi les femmes n'aiment pas le système métrique ?

C'est parce qu'elles ne veulent pas entendre parler de *stères (se taire)*.

Savez-vous pourquoi les dames sont à même de voyager facilement dans les airs ?...

C'est qu'elles ne manquent pas de *ballons (bas longs)*.

Savez-vous quelle est la mère de la Régie ?... Non.

Eh bien, c'est « Tabaca », puisque sur les paquets de tabac vous lisez :

« *Tabac à fumer de la Régie.* »

Temps pommelé, pomme ridée,
Femme fardée, ne sont pas de longue durée.

HUIT PROVERBES RUSSES

Aime ta femme comme ton âme et secoue-la comme un arbre fruitier.

Si tu as battu ta femme le matin, n'oublie pas de recommencer à midi.

Deux femmes constituent une assemblée, trois un enfer.

La tête de ta femme est vide comme le porte-monnaie du Tartare.

Le chien est plus intelligent que la femme, il n'aboie pas contre son maître.

Chez la femme et chez l'ivrogne on a les larmes à bon marché.

Là où le diable ne peut pas aller il y envoie la femme.

Plus tu battras ta femme, plus ton dîner sera bon.

DIVERS

Quand le soleil est couché il y a bien de bêtes à l'ombre.

Quel est le comble de la déveine pour un mari ?... C'est de voir sa femme porter la culotte au lendemain de ses noces.

— Ah ! docteur, vous ne parlez que de couper et trancher, quel charcutier vous faites !...
— Pardon, madame, si je suis un charcutier, comment appelez-vous ceux que je charcute ?...

— Mon ami, en me prenant ma fille, vous allez me séparer de tout ce que j'ai de plus cher au monde.
— Qu'à cela ne tienne, monsieur, si vous voulez je vous laisserai votre fille et ne prendrai que sa dot !...

Le petit André ne veut pas aller se coucher. Pour le persuader sa mère lui dit :
— Allons, mon enfant, il est tard ; tu sais bien que

les petits poulets rentrent se coucher dès qu'il fait nuit.

— Oui, répondit André, mais la maman va aussi se coucher avec eux.

Femme et fleur sont sœurs ?...

Entre époux :
— Pourquoi as-tu giflé notre nouvelle bonne ?
— Les bonnes nouvelles méritent toujours confirmation.

— Docteur !... ma femme est très malade ; elle pleure toute la journée.
— Ça doit être une pleurésie.

Fille fenêtrière, rarement ménagère.

Femme qui boit met son mari en guenilles.

Te souviens-tu, Clémentine chérie, de nos tendres baisers dans le sentier de l'amour, quand les étoiles brillaient au ciel et que la première lune de nos amours éclairait nos pas. J'ai senti ton cœur battre à l'unisson du mien et je t'adore, ton baiser brûlant m'a électrisé. Tu es la femme rêvée, l'ange tant désiré.

Dr BEAUZON.

L'homme prévoyant s'assure pour sa vie entière contre le mariage.

L. VIARD.

On peut aimer sans être heureux ; on peut être heureux sans aimer ; mais aimer et être heureux c'est un prodige.

BALZAC.

Le temps augmente l'amitié et diminue l'amour.

LA BRUYÈRE.

Oui, Pascaline, tu es mon adorée ; rien sur la terre, ni même dans les cieux ne saurait t'être comparé. Tu es descendue sans doute pour venir me consoler. Ange d'amour, je t'aime à la folie ! Tu es l'objet de tous mes rêves, le guide de ma vie, mon étoile et ma félicité. Reine de beauté, tu m'as enchanté ; je ne puis plus vivre sans toi.

F. BORDOS.

L'amour décroît quand il cesse d'augmenter.

CHATEAUBRIAND.

L'homme qui n'a pas une femme et des enfants peut étudier cent ans dans tous les livres, il ne comprendra jamais les mystères de la famille.

L. PEYRONNET.

L'amour est la passion la plus noble du cœur humain.

L. Peyronnet.

L'amour et la mort sont deux lois naturelles auxquelles personne ne peut échapper.

L. Peyronnet.

L'amour est comme les maladies épidémiques ; plus on le craint plus il s'empare de vous.

L. Peyronnet.

La femme qui n'a pas de dot dépend absolument de son mari, il en fait ce qu'il en veut ; celle au contraire qui a une forte dot ne fait que tourmenter son mari.

Plaute.

Voulez-vous goûter et conserver l'amitié et le bonheur conjugal ?... Ayez toujours, l'un pour l'autre, l'estime et l'amitié que vous aviez avant votre mariage.

L. Peyronnet.

Les femmes sont héroïnes quand leur vertu ne court aucun danger, enfants quand il faut la défendre, furies quand il faut se venger.

Schiller.

Il arrive souvent qu'une femme cache à l'homme qu'elle aime son amour ; mais l'homme le déclare toujours.

L. Peyronnet.

Amour, désir ravissant ! âme de la Nature ! principe inépuisable de tout ce qui existe ! puissance suprême et souveraine, rien ne lui résiste !

Buffon.

Le plus beau don des cieux c'est l'amour ; le plus beau don de l'amour est un moment de délire.

L. Peyronnet.

L'amour repentant est le plus long à guérir.

La Bruyère.

L'amour comme la mort confondent les conditions.

Abbé Raynal.

La femme bien élevée est richement dotée.

L. Peyronnet.

Il y en a beaucoup qui ne se marient que pour l'argent.

Proverbe.

L'amour porte toujours à des actions nobles et généreuses.

Saint-Évremont.

Aussi bavarde que puisse être une femme, l'amour lui apprend à se taire.
ROCHEBRUNE.

L'amour peut, quelquefois, enchaîner deux êtres qui ne semblaient pas faits l'un pour l'autre.
HORACE.

Dans un cœur jeune et fermé à l'amour, la poésie trouve un écho plus sonore.
LAMARTINE.

— Ma Léontine adorée et chérie, c'est toi qui m'as rendu la vie.
L. BEAUZON.

Quand vous aurez donné à une femme le nom sacré d'épouse, vous devez vous consacrer à sa félicité et elle à la vôtre; mais n'oubliez pas qu'étant plus fort qu'elle, votre devoir l'est aussi.
SILVIO PELLICO.

Il arrive fort souvent que le jour de l'enterrement de son mari, la femme fait semblant de le pleurer d'un œil et de l'autre regarde son successeur avec amour.
L. PEYRONNET.

Malheur à l'homme qui épouse une veuve ; sa vie entière ne sera qu'un tourment.
EUBULO.

Il n'y a pas de paroles qui puissent exprimer l'amour.

Pétrarque.

Craignez l'amour d'une femme plus que la haine d'un homme.

Socrate.

En bien considérant tout, le mariage est préférable au célibat.

Baril.

La femme sait aimer plus longuement que l'homme, retenue par le respect, la méfiance et la renommée.

Checheni.

Quand la Nature a distribué ses dons, elle a donné à l'homme une cellule de plus dans son cerveau, mais une fibre de plus au cœur de la femme ; l'homme aime de toutes ses forces et la femme de tout son cœur.

L. Peyronnet.

L'amour de deux êtres sur cette terre n'est souvent bon qu'à causer à l'un et à l'autre les plus terribles douleurs.

Sainte-Beuve.

L'amour est une chaleur qui donne du courage à ceux qui en manquent.
Saint-Évremont.

Quand l'on s'est bien aimé, on ne s'oublie jamais.
L. Peyronnet.

L'empreinte de l'amour, chez une femme, est comme une figure faite avec de la neige ; le premier rayon de soleil la détruit.
Shakespeare.

Parmi les sciences les plus sublimes je dois citer en première ligne : l'art de vivre heureux en famille.
Mme Reybaud.

La grande voix de la Nature et celle de son cœur disent à l'homme qu'il lui faut une femme.
L. Peyronnet.

Il se trompe grandement celui qui croit avoir le premier amour d'une femme.
Théophile Gautier.

L'amour que vos lois et vos maximes vous représentent comme une contrefaçon est tout ce qu'il y a de meilleur et de plus durable.

Charles Duveyrier.

Un jour je dis du mal de l'amour et il m'envoya le mariage pour se venger.

Rivarol.

La loi qui autorise la séparation entre mari et épouse est une loi de démolition.

Frémyot.

La Providence et la Société n'ont donné, à la femme, d'autre bonheur que l'amour conjugal.

Mme Stael.

Que les nuages versent la pluie à torrents, que le tonnerre gronde, que les éclairs illuminent la terre, l'amoureux va fidèlement au rendez-vous.

Mme Vasantesand.

L'amour est un commerce qui conduit sûrement à la faillite.

Chamfort.

L'amour est oiseux, ennemi du travail et n'aimant que le miroir.

Euripide.

Vous que l'amour tient sous son joug, sachez que c'est devant un miroir qu'il aiguise la pointe de ses dards et médite ses cruautés. C'est là qu'il étudie ses doux regards, ses caresses, ses trompeurs appas, avant de se présenter en public.

Xavier de Maistre.

Les moralistes ont beau dire, mais il est certain que, sur mille, il y en a à peine une qui demande le divorce sans avoir raison.

Mouchot.

Une femme qui aime son mari le corrige peu à peu de tous ses défauts. Le mari qui aime sa femme lui augmente ses caprices.

L. Peyronnet.

L'homme qui veut se marier a toujours peur de prendre une femme qui à certains moments est folle. Il y a beaucoup de ces femmes en ce monde.

Buenarovitch.

Le pays du célibat est triste parce qu'il est trop désert ; le pays du mariage n'est pas toujours joyeux parce qu'il est trop populeux.

Colson.

La société dit à la femme qu'elle doit obéissance à son mari, fidélité, dévouement en tout; elle le jure, mais son jurement n'est pas sincère, même quand elle a un homme très digne et très loyal.

GEORGE SAND.

Le mariage fait, de l'amoureux et de l'amoureuse, une seule personne : l'époux.

ERNEST LEGOUVÉ.

L'amour a tellement conscience de son peu de durée qu'il demande toujours : est-ce que tu m'aimes ? m'aimeras-tu toujours ?

BALZAC.

Tous les trésors de la terre ne valent pas le plaisir d'être aimé.

L. PEYRONNET.

Si dans la femme le cœur était d'accord avec la tête, les célibataires mourraient de faim ; mais cela n'arrive jamais.

S. DE NEUFVILLE.

LA DÉPOPULATION EN FRANCE

Les autres contrées de l'Europe commencent à voir se produire chez elles un phénomène analogue à celui qu'on a observé chez nous. Ici, comme ailleurs, notre pays a été un précurseur.

Si la commission nommée en 1902 par M. Waldeck-Rousseau, à l'instigation de M. Piot, pour rechercher les causes de la faible natalité en France, a exercé la verve de nos caricaturistes, il n'en a pas été de même à l'étranger, où ses études ont, au contraire, suscité le plus vif intérêt, en face d'un phénomène semblable qui commence à se produire dans les autres contrées de l'Europe. Jusqu'à présent, celles-ci avaient progressé à pas de géants. Pendant le dernier siècle, la population de l'Angleterre a plus que doublé ; celle de l'Allemagne a triplé ; celle de la France a à peine augmenté d'un tiers.

Quel est donc le facteur principal de cette infériorité de notre race ? Il ne faut l'attribuer ni au nombre de mariages ni à celui des unions stériles, sensiblement les mêmes ailleurs, mais au peu d'enfants que présentent les familles françaises. Sur 1.000 d'entre elles, 249 n'ont qu'un enfant, 224 deux, 151 trois; 31 familles seulement en comptent six et 24 sept et plus.

Cependant la race française n'est pas moins prolifique que les autres ; elle l'a montré, par exemple, au Canada. Il ne peut donc s'agir ici que d'une restriction volontaire. Ecoutons là-dessus M. Arsène Dumont, l'un des membres les plus distingués de la commission de 1902. Il cite les proverbes qui ont cours parmi les familles de paysans qui se refusent à élever de nombreuses familles. En Normandie, on dit : « Le couple vaut mieux que la douzaine. Désir de roi : garçon et fille. » Dans le département de l'Orne, plus grossièrement : « C'est assez d'un veau pour l'herbage. » Et si une femme ayant déjà deux enfants en annonce un troisième : « Comment, elle est encore enceinte ! Quel malheur ! Ces gens-là, c'est pire que des animaux ! » On va plus loin dans le Lot-et-Garonne ; une seconde grossesse est regardée comme une honte. Aucune femme ne veut d'un veuf ayant des enfants.

Est-ce l'indifférence pour sa progéniture qui inspire au Français ce dégoût d'une nombreuse famille ? En aucune façon. Il n'y a pas de contrée où les enfants soient plus aimés par leurs parents qu'en France et où l'on prenne plus de soins d'eux. Quelle en est donc la raison ? Pas d'autre que l'esprit d'épargne. Economes en tout, nous le sommes en enfants. Mais cet esprit est mû par un autre objet : le souci de ne pas voir diminuer l'aisance de la famille en l'éparpillant, suivant la loi française, sur plusieurs têtes par parties égales, et même l'ambition d'augmenter encore cette aisance. « Un héritier unique marié à une héritière unique, voilà le rêve », a dit un autre membre de la commission.

Quels remèdes à cet état de choses ? A vrai dire, on n'en a pas cherché beaucoup. Prêcher contre cet esprit d'épargne ? Taxer les célibataires, comme on le faisait dans la Rome ancienne ? En discontinuant les séances de sa commission, le Sénat a montré qu'il n'attendait pas grand'chose de pareils palliatifs. On a encore mis en avant la recherche de la paternité, la condamnation à des dommages-intérêts envers la fille séduite, qui probablement multiplieraient les unions légitimes et par suite le nombre des enfants. Mais, au fait, avons-nous donc tant à déplorer la faible natalité de notre pays ? Disons-le : la France est arrivée à un point vers lequel, lentement, mais sûrement, tendent les Etats les plus civilisés. L'Australien se restreint comme l'habitant de la Nouvelle-Angleterre. On peut hasarder la prophétie que l'Irlande, sous ses lois nouvelles et avec l'accès de ses habitants à la propriété individuelle, ne tardera pas à s'imposer la restriction dont lui donne l'exemple l'autre branche de la race celtique. C'est ici le lieu de rappeler, pour fortifier cette vue sur l'avenir des races, les paroles de M. Paul Leroy-Beaulieu, quand il a dit : « La France n'est pas une exception ; elle n'a fait qu'accomplir plus tôt que les autres une évolution qui mène graduellement les nations civilisées à l'amoindrissement du taux de la mortalité. » En effet, elles ont déjà jeté le cri d'alarme. L'intérêt passionné qu'elles ont montré pour des études dont nous ne parlons plus en est la preuve.

Reste la question militaire. Nous avons 300,000 recrues par an ; l'Allemagne en a 450,000. Si sa population continuait à augmenter au taux actuel, dans onze ans, elle aurait deux fois autant de soldats que nous. « Alors, elle nous dévorera ! » s'écrient les alarmistes. Non ; l'Allemagne aussi commence à voir sa natalité fléchir ; et puis nous aurons des alliés qui ne souffriront pas de voir diminuer un pays initiateur de tous les progrès. Ce ne serait pas l'intérêt de l'Europe.

Nous-mêmes, nous ne cherchons querelle à personne. Nous ne désirons pas augmenter nos richesses. Nous n'ambitionnons pas la conquête de nouvelles contrées. Nous ne songeons pas à des guerres nouvelles, parce que toutes les guerres de ces derniers temps ont été des guerres commerciales et que nous sommes satisfaits de notre lot dans la fortune et dans les affaires du monde.

L. PEYRONNET.

Voici les conclusions du rapport que Mme Blanche Schveig, secrétaire des dames comptables, etc. a présenté sous forme de vœux au congrès d'Angers.

Inutile de dire qu'il a été voté à l'unanimité:

I. — Que les lois, décrets, règlements et programmes soient revisés en tant qu'ils font obstacle à l'accession pour les femmes, soit par une interdiction directe, soit en ne permettant pas sa préparation personnelle, à des professions, fonctions et métiers dans lesquels elle trouverait un emploi de ses facultés utile à la société et des moyens d'existence pour elle et sa famille.

II. — Que, notamment dans l'ordre administratif, la femme puisse être appelée au même titre que l'homme et dans les mêmes conditions de salaire et d'avancement aux divers emplois des bibliothèques et archives, à ceux de rédaction dans les administrations publiques, d'inspection divisionnaire du travail et de l'industrie, de sténographie dans les assemblées délibérantes.

III. — Que pour faciliter l'éducation professionnelle de la femme en vue soit de ces fonctions administratives, soit des diverses professions de l'industrie, du commerce, de l'agriculture, soit d'emplois ou métiers aux colonies, les écoles spéciales préparatoires : écoles supérieures de commerce, école centrale, institut agronomique, écoles techniques, écoles coloniales, écoles d'horlogerie, etc., etc., lui soient ouvertes dans les mêmes conditions et avec les mêmes programmes qu'à l'homme.

IV. — Que soient créés, dans les écoles et cours professionnels féminins, des cours de droit usuel comprenant les matières relatives à la législation du travail, aux droits et devoirs des patrons et des ouvriers, au droit d'association sous toutes les formes, syndicale ou autre.

V. — Que dans les œuvres laïques féminines complémentaires de l'école, une large part soit faite pour la création de cours, causeries, conférences, bibliothèques :

a) A l'éducation professionnelle, commerciale, industrielle et agricole ;
b) A la préparation à la profession d'infirmière ;
c) A la préparation à la profession de ménagère ;
d) Aux questions de métiers et professions s'exerçant aux colonies et dans les pays de protectorat.

LES COMMANDEMENTS DU PARFAIT JALOUX

Ta chère femme enfermeras
Comme en un sérail musulman.

Une scène tu lui feras
Au moins quotidiennement.

Sur sa dépense veilleras
Et sur sa vertu mêmement.

Toujours sur ton cœur garderas
La clef de son appartement.

A tes amis la cacheras
Comme un précieux talisman.

Dans ses tiroirs tu fouilleras
Avec un âpre acharnement.

Ses lettres décachetteras
Et retiendras sournoisement.

Ses clignements d'yeux épieras
Et jusqu'au moindre bâillement.

Quand seule tu la laisseras,
Rentreras inopinément.

Grave, tu l'interrogeras
Sur l'emploi de chaque moment.

La nuit, tu te consumeras
Si quelqu'un lui fait compliment.

Du cousin tu l'éloigneras
Qui la reluque tendrement.

A son visage imposeras
D'une voilette le tourment.

A sa tailleuse ordonneras
De ne la flatter nullement.

Avec scrupule choisiras
Pour elle d'ennuyeux romans.

Du monde tu la sèvreras
En lui vantant l'isolement.

Aux bains de mer la conduiras,
Dans quelque « trou » sans agrément.

Au bal, jamais ne danseras
Qu'avec elle rageusement.

L. Peyronnet.

De la main d'un ami qui pour vous les fit naître,
    Recevez ces modestes fleurs.
    Blanches et roses comme vous,
Un rayon de soleil au jour fait apparaître
    Et briller leurs vives couleurs.
    Puisse ainsi le maître de tous
Envoyer un rayon de bonheur en votre âme,
    Faire resplendir vos beaux jours
Comme scintille aux cieux l'étoile aux jets de flamme
    Et vous bénir toujours.

L. Peyronnet.

Délices de notre vie, parfum plus suave que celui de la plus belle fleur, sans **toi, ma femme,** je ne puis vivre.

Louis Avouac.

Quand vous avez bien soif, un bon Pernod, à l'eau bien fraîche du Pont, ou une bouteille de bon vin du

Languedoc vous font plus de plaisir que la plus belle des femmes.

Jérome Laclasse.

On a tort de dire que les femmes n'aiment pas les hommes ; je suis femme et j'ai aimé un homme ; son petit nom était si doux qu'il était pour moi tout un poème ; il s'appelait « Louis ».

Mme Léontine Perrot.

Va ! puisque le destin l'exige ; traverse les mers, mon souvenir te suivra partout ; mais reviens bien vite dans mes bras.

Louis Avouac.

Lève-toi, homme fier de ta force ; admire la beauté de celle que Dieu t'a donnée comme compagne à travers le désert de cette vie.

L. Peyronnet.

L'être le plus aimant, le plus adorable, c'est la femme.

Dr Beauzon.

La plus belle moitié de la vie est inconnue de l'homme qui n'a pas aimé.

Beyle.

L'amour a les attractions d'une sirène et les transports d'une furie.

BACON.

L'amour signifie deux êtres unifiés ; l'homme et la femme qui ne forment plus qu'un ange ; l'amour c'est le ciel.

VICTOR HUGO.

La plus grande partie de ceux qui s'aiment beaucoup avant le mariage ne s'aiment plus après.

ADRIEN DUPUY.

Bien souvent il plaît à un mari d'avoir une épouse jalouse parce qu'il entend toujours parler de ce qu'il aime le mieux.

LA ROCHEFOUCAULD.

Le mariage ne convient qu'aux personnes flegmatiques ; il n'est pas pour les caractères bouillants et d'imagination vive et ardente.

Mme D'ARCONVILLE.

L'amour est le bonheur terrestre et céleste. Aimez et vos désirs seront satisfaits ; aimez et vous serez heureux. Aimez et toutes les puissances de la terre se jetteront à vos pieds. L'amour est une flamme céleste qui rayonne au-dessus de nos têtes.

M. AIMÉ.

Vous qu'on dit être si cruelle
Prenez cette fleur pour modèle,
Symbole de douce allégresse,
Puisse ton feuillage amoureux
S'augmenter comme ma tendresse
Et m'annoncer des jours heureux !
O ciel ! rafraîchis sa verdure ;
Printemps, renouvelle sa fleur :
Tous deux redoublez sa parure
Pour le moment de mon bonheur.
L. PEYRONNET.

Ma Léontine, c'est ton haleine
Qui charme et pénètre mes sens ;
C'est toi qui verses dans la plaine
Ces parfums doux et ravissants.
Les esprits embaumés qu'exhale
La rose fraîche et matinale
Pour moi sont moins délicieux ;
Et ton odeur suave et pure
Est un encens que la nature
Élève en tribut vers les cieux.
L. PEYRONNET.

En amour, les grands plaisirs sont voisins des grandes douleurs.
Mme DE L'ESPINASSE.

Les jeunes gens qui veulent se marier sont comme les poissons qui rôdent autour du filet du pêcheur ; ils veulent tous se faire prendre pendant que les malheureux déjà pris font tous leurs efforts pour échapper.
SOCRATE.

L'amour étant d'essence divine, c'est-à-dire immortel, quand nous croyons l'avoir tué, nous l'avons simplement enseveli vivant dans notre cœur.

George Sand.

L'homme non marié est incomplet; c'est comme un ouvrage en deux volumes et dont vous en avez un seul.

Des Ormes.

> Oranger, dont la voûte épaisse
> Servit à cacher nos amours,
> Reçois et conserve toujours
> Ces vers, enfants de ma tendresse,
> Et dis à ceux qu'un doux loisir
> Amènera dans ce bocage,
> Que si l'on mourait de plaisir,
> Je serais mort sous ton ombrage.

L. Peyronnet.

S'abandonner à l'amour c'est renoncer à la sagesse et à la fortune.

Bacon.

Deux êtres qui en ce monde se sont aimés d'un pur amour se réunissent après la mort en un seul être et forment un ange.

Schechendow.

> C'est le bluet, que pour toi ma main cueille;
> D'un simple cœur, il exprime les vœux;
> Douce amitié, c'est ton emblème heureux,

Jamais serpent n'est caché sous sa feuille.

HÉLÈNE PEYRONNET.

Au village, mieux qu'à la ville,
Du Dieu d'amour on suit les lois ;
On trouve toujours dans nos bois,
Une ardeur constante et tranquille :
Cupidon, au palais des rois,
Regrette une simple bergère ;
Sous le dais, il dort quelquefois,
Mais rarement sur la fougère.

HÉLÈNE PEYRONNET.

Le mari est un emplâtre qui guérit tous les maux des jeunes filles.

MOLIÈRE.

Si vous vous mariez, vous faites bien ; mais si vous ne vous mariez pas, vous faites encore mieux.

St PAUL.

La femme qui n'aime pas son mari le lui fait payer cher, un jour.

FABRE D'ÉGLANTINE.

S'il est un sort désirable,
C'est de pouvoir enflammer
Nymphe tendre, douce, affable,
Qui, le jour, sache être aimable,
Et qui, la nuit, sache aimer.

L. PEYRONNET.

L'amour est l'âme universelle de la vie.
>BALZAC.

L'amour vit dans les tempêtes et si l'on veut le réglementer il languit et meurt.
>NINON DE LENCLOS.

Il y a peu de femmes chez lesquelles la vanité n'agisse pas plus que l'amour.
>SAINT-RÉAL.

Les amants s'aiment à la folie malgré tous les défauts ; les époux, avec toutes leurs qualités, se supportent avec peine.
>DE LA BRETONNIÈRE.

Ordinairement quand on se marie par amour la haine ne tarde pas à survenir.
>Mme LA DUCHESSE D'ORLÉANS.

>Le myrte est ennemi du vent,
>Arbre d'amour et de mystère,
>Il cherche préférablement
>Les abris d'un clos solitaire,
>Et ne vivrait guère en plein champ.
>>Dr BAUZON.

>Vous dont la gloire est d'être belle,
>D'un sexe aimable jeune fleur,
>Prenez la rose pour modèle,
>Son éclat naît de sa pudeur.

. . . .
Riche des présents de l'Aurore,
Tant qu'elle fuit le dieu du jour,
Moins on la voit, plus on l'honore,
Sa sagesse enflamme l'amour.

. . . .
Ah ! puissent l'amant qui l'admire,
L'oiseau qui la chante au matin,
Le ruisseau, l'abeille et zéphyre,
La retrouver le lendemain.

L. PEYRONNET.

Le cœur d'une jeune fille ressemble à un nid d'hirondelles qui sortent la tête et essayent leurs ailes en attendant qu'elles puissent s'envoler.

L. LIMAYRAC.

Les trésors de la terre et de la mer ne sont rien auprès des consolations secrètes qu'une femme aimante procure à l'homme qui a le bonheur de la posséder.

L. PEYRONNET.

Le mariage qui est fait par mutuelle sympathie est bon ; autrement il est dangereux.

PLUTARQUE.

— La femme affectueuse et laborieuse est la guirlande du mariage.

SALOMON.

LES FLEURS

Vous trompiez donc un amant empressé,
Et c'est en vain que vous m'aviez laissé
D'un prompt retour l'espérance flatteuse ?
De nouveaux soins vous fixent dans vos bois.
De cette absence, hélas ! trop douloureuse,
Vos écrits seuls me consolent parfois :
Je les relis, c'est ma plus douce étude,
N'en doutez point ; dès les premiers beaux jours,
Porté soudain sur l'aile des amours,
Je paraîtrai dans votre solitude.
Seule et tranquille à l'ombre des berceaux,
Vous me vantez les charmes du repos
Et les douceurs d'une sage mollesse ;
Vous les goûtez ; aussi votre paresse
Du soin des fleurs s'occupe uniquement.
Ce doux travail plairait à votre amant ;
Flore est si belle, et surtout au village !
Fixez chez vous cette beauté volage.
Mais ses faveurs ne se donnent jamais ;
Achetez donc, et payez ses bienfaits.
Des aquilons connaissez l'influence,
Et de Phœbé méprisez la puissance.
On vit jadis nos timides aïeux
L'interroger d'un regard curieux ;
Mais aujourd'hui la sage expérience
A détrompé le crédule mortel.
Sur nos jardins Phœbé n'a plus d'empire.
De son rival l'empire est plus réel ;
C'est par lui seul que tout vit et respire ;
Et le parterre où vont naître vos fleurs
Doit recevoir ses rayons créateurs.
Du triste hiver Flore craint la présence,
C'est au printemps que son règne commence.
Voyez-vous naître un jour calme et serein ?

Semez alors, et soyez attentive ;
Car du zéphir le souffle à votre main
Peut dérober la graine fugitive.
De sa bonté l'eau doit vous assurer.
En la noyant, celle qui, trop légère,
Dans le cristal ne pourra pénétrer,
Sans y germer, vieillirait sous la terre.

L'oignon préfère un sol épais et gras ;
Un sol léger suffit à la semence ;
Confiez-lui votre douce espérance,
Et de vos fleurs les germes délicats.
Mais n'allez point sur la graine étouffée
Accumuler un trop pesant fardeau ;
Et, sans tarder, arrosez-la d'une eau
Par le soleil, constamment échauffée.
Craignez surtout que l'onde en un moment
N'entraîne au loin la graine submergée.
Pour l'arrêter qu'une paille allongée
D'un nouveau toit la couvre également.
Par ce moyen vous pourrez aisément
Tromper l'effort des aquilons rapides,
Et de l'oiseau les recherches avides.

N'osez jamais d'une indiscrète main
Toucher la fleur, ni profaner le sein
Que chaque aurore humecte de ses larmes ;
Le doigt ternit la fraîcheur de ses charmes,
Et leur fait perdre un tendre velouté,
Signe chéri de la virginité.
Au souffle heureux du jeune époux de Flore
Le bouton frais s'empressera d'éclore,
Et d'exhaler ses plus douces odeurs :
Zéphire seul doit caresser les fleurs.

Le tendre amant embellit ce qu'il touche.
Témoin ce jour où le premier baiser
Fut tout à coup déposé sur ta bouche.
Un feu qu'en vain tu voulais apaiser
Te colora d'une rougeur nouvelle ;
Mes yeux jamais ne te virent si belle.
Mais qu'ai-je dit ? devrais-je à mes leçons
Des voluptés entremêler l'image ?
Réservons-la pour de simples chansons,
Et que mon vers désormais soit plus sage.

De chaque fleur connaissez les besoins.
Il est des plants dont la délicatesse
De jour en jour exige plus de soin.
Aux vents cruels dérobez leur faiblesse ;
Un froid léger leur donnerait la mort.
Qu'un mur épais les défende du nord ;
Et de terreau qu'une couche dressée
Sous cet abri soit pour eux engraissée.
Obtenez-leur les regards bienfaisants
Du Dieu chéri qui verse la lumière.
J'aime surtout que ses rayons naissants
Tombent sur eux ; mais par un toit de verre
De ces rayons modérez la chaleur ;
Un seul suffit pour dessécher la fleur.
Dans ces prisons retenez son enfance,
Jusqu'au moment de son adolescence.
Quand vous verrez la tige s'élever,
Et se couvrir d'une feuille nouvelle,
Permettez-lui quelquefois de braver
Les aquilons moins à craindre pour elle ;
Mais couvrez-la quand le soleil s'enfuit.

Craignez toujours le souffle de la nuit,
Et les vapeurs de la terre exhalées ;

Craignez le froid tout à coup reproduit,
Et du printemps les tardives gelées.
Malgré ces soins, parfois l'on voit jaunir
Des jeunes fleurs la tige languissante,
Un mal secret sans doute la tourmente ;
La mort va suivre, il faut la prévenir.
D'un doigt prudent découvrez la racine ;
De sa langueur recherchez l'origine ;
Et, sans pitié, coupez avec le fer
L'endroit malade ou blessé par le ver.
De cette fleur l'enfance passagère
De notre enfance est le vivant tableau.
J'y vois les soins qu'un fils coûte à sa mère,
Et les dangers qui souvent du berceau
Le font passer dans la nuit du tombeau.
Mais quelquefois la plus sage culture
Ne peut changer ce qu'a fait la nature,
Ni triompher d'un vice enraciné.
Ce fils ingrat, en avançant en âge,
Trompe souvent l'espoir qu'il a donné ;
Ou, par la mort tout à coup moissonné,
Avant le temps il voit le noir rivage.
Souvent aussi l'objet de votre amour,
La tendre fleur se flétrit sans retour.
Parfois les flots versés pendant l'orage
Dans vos jardins porteront le ravage,
Et sans pitié l'aquilon furieux
Renversera leurs trésors à vos yeux.
Mais quand d'Iris l'écharpe colorée
S'arrondira sous la voûte des cieux,
Quand vous verrez près de Flore éplorée
Le papillon recommencer ses jeux ;
Sur leurs besoins interrogez vos plantes,
Et réparez le ravage des eaux.
Avec un fil, sur de légers rameaux,

Vous soutiendrez leurs tiges chancelantes.

Ces nouveaux soins, partagés avec vous,
Amuseront mon oisive paresse.
Mais ces travaux, ô ma jeune maîtresse,
Seront mêlés à des travaux plus doux.
Vous m'entendez, et rougissez peut-être.
Le jour approche où nos jeux vont renaître.
Hâtez ce jour désiré si longtemps,
Dieu du repos, dieu des plaisirs tranquilles,
Dieu méconnu dans l'enceinte des villes ;
Fixez enfin mes désirs inconstants,
Et terminez ma recherche imprudente.
Pour être heureux, il ne faut qu'une amante,
L'ombre des bois, les fleurs, et le printemps.

Printemps chéri, doux matin de l'année,
Console-nous de l'ennui des hivers ;
Reviens enfin, et Flore emprisonnée
Va de nouveau s'élever dans les airs.
Qu'avec plaisir je compte tes richesses
Que ta présence a de charmes pour moi !
Puissent mes vers, aimables comme toi,
En les chantant te payer ses largesses !
Déjà Zéphire annonce ton retour.
De ce retour modeste avant-courrière,
Sur le gazon la tendre primevère
S'ouvre, et jaunit dès le premier beau jour.
A ses côtés la blanche pâquerette
Fleurit sous l'herbe, et craint de s'élever.
Vous vous cachez, timide violette ;
Mais c'est en vain ; le doigt sait vous trouver !
Il vous arrache à l'obscure retraite
Qui recélait vos appas inconnus ;
Et destinée aux boudoirs de Cythère,

Vous renaissez sur un trône de verre,
Ou vous mourez sur le sein de Vénus.
L'Inde autrefois nous donna l'anémone,
De nos jardins ornement printanier.
Que tous les ans, au retour de l'automne,
Un sol nouveau remplace le premier,
Et tous les ans, la fleur reconnaissante
Reparaîtra plus belle et plus brillante.
Elle naquit des larmes que jadis
Sur un amant Vénus a répandues.
Larmes d'amour, vous n'êtes point perdues ;
Dans cette fleur je revois Adonis.

Dans la jacinthe un bel enfant respire ;
J'y reconnais le fils de Piérus :
Il cherche encor les regards de Phébus ;
Il craint encor le souffle de Zéphire
Des feux du jour évitant la chaleur,
Ici fleurit l'infortuné Narcisse.
Il a toujours conservé la pâleur
Que sur ses traits répandit la douleur.
Il aime l'ombre à ses ennuis propice :
Mais il craint l'eau qui causa son malheur.

N'oubliez pas la brillante auricule ;
Soignez aussi la riche renoncule,
Et la tulipe, honneur de nos jardins :
Si leurs parfums répondaient à leurs charmes,
La rose alors, prévoyant nos dédains,
Pour son empire aurait quelques alarmes.
Que la houlette enlève leurs oignons
Vers le déclin de la troisième année ;
Puis détachez les nouveaux rejetons
Dont vous verrez la tige environnée ;

Ces rejetons fleuriront à leur tour
Donnez vos soins à leur timide enfance ;
De vos jardins elle fait l'espérance,
Et vos bienfaits seront payés un jour.
Voyez ici la jalouse Clytie
Durant la nuit se pencher tristement,
Puis relever sa tête appesantie,
Pour regarder son infidèle amant.
Le lis, plus noble et plus brillant encore,
Lève sans crainte un front majestueux ;
Roi des jardins, ce favori de Flore
Charme à la fois l'odorat et les yeux.
Mais quelques fleurs chérissent l'esclavage,
L'humble genêt, le jasmin plus aimé,
Le chèvrefeuille et le pois parfumé,
Cherchent toujours à couvrir un treillage.
Le jonc pliant sur ces appuis nouveaux
Doit enchaîner leurs flexibles rameaux.

L'iris demande un abri solitaire ;
L'ombre entretient sa fraîcheur passagère.
Le tendre œillet est faible et délicat ;
Veillez sur lui ; que sa fleur élargie
Sur le carton soit en voûte arrondie.
Coupez les jets autour de lui pressés ;
N'en laissez qu'un ; la tige en est plus belle.
Ces autres brins, dans la terre enfoncés,
Vous donneront une tige nouvelle ;
Et quelque jour ces rejetons naissants
Remplaceront leurs pères vieillissants.

Aimables fruits des larmes de l'aurore,
De votre nom j'embellirais mes vers ;
Mais quels parfums s'exhalent dans les airs ?
Disparaissez, les roses vont éclore.

Lorsque Vénus, sortant du sein des mers,
Sourit aux dieux charmés de sa présence,
Un nouveau jour éclaira l'univers :
Dans ce moment la rose prit naissance.
D'un jeune lis elle avait la blancheur ;
Mais aussitôt le père de la treille,
De ce nectar dont il fut l'inventeur
Laissa tomber une goutte vermeille,
Et pour toujours il changea sa couleur.
De Cythérée elle est la fleur chérie,
Et de Paphos elle orne les bosquets ;
Sa douce odeur, aux célestes bouquets,
Fait oublier celle de l'ambroisie ;
Son vermillon doit parer la beauté,
C'est le seul fard que met la volupté.
A cette bouche où le sourire joue,
Son coloris prête un charme divin ;
Elle se mêle au lis d'un joli sein,
De la pudeur elle couvre la joue
Et de l'aurore elle rougit la main.

Cultivez-la cette rose si belle ;
Vos plus doux soins doivent être pour elle.
Que le ciseau dirigé par vos doigts
Légèrement la blesse quelquefois.
Noyez souvent ses racines dans l'onde.
Des plants divers faisant un heureux choix,
Préférez ceux dont la tige féconde
Renaît sans cesse et fleurit tous les mois.
Songez surtout à ce bosquet tranquille
Où notre amour fuyait les importuns ;
Conservez-lui son ombre et ses parfums :
A mes desseins il est encore utile.
Ce doux espoir, dans mon cœur attristé,
Vient se mêler aux chagrins de l'absence.

Ah ! mes ennuis sont en réalité,
Et mon bonheur est tout en espérance !
L. PEYRONNET.

A moins qu'elle soit un ange tombé du ciel, la femme préférerait voir son amant à l'agonie que dans les bras d'une rivale; plus elle aime, plus elle est jalouse.
BALZAC.

Qui a une bonne femme possède un trésor inestimable.
L'ECCLÉSIASTE.

On doit respecter le mariage tant qu'il est seulement un purgatoire ; mais il faut le dissoudre dès qu'il devient un enfer.
ÉRASME.

A vous que j'aime, Léontine chérie, je dédie ces quelques vers :

AUBÉPINE ET FAUVETTE

Quand la neigeuse aubépine
Nous prodigue ses flocons
Et qu'un doux vent les incline
Sur la route où nous passons,
Que dit alors la fauvette
A l'écho qui le répète
Aux bocages d'alentour?

Est-ce une sainte prière,
Dont Dieu seul sait le mystère?
Est-ce une chanson d'amour?

Est-ce la tendre ballade
D'une mère à ses petits;
Une hymne, une sérénade,
Pour les bercer dans leurs nids?
Quand la nature éveillée,
Sous la naissante feuillée
Prélude par des concerts;
Que la goutte de rosée
Semble une perle enchâssée
Dans le bracelet des airs?

Ce que c'est, moi, je l'ignore;
Et cependant, chaque jour,
Comme un salut de l'aurore,
Sa voix vibre avec amour.
Dans tous les cas, voix et rose,
Aubépine fraîche éclose
Parant les bords du chemin
Parfument l'air qu'on respire,
Et leur éclat semble dire:
Dieu sur nous étend la main!

L. Peyronnet.

Il y en a très peu qui savent ce que c'est que l'amour et ceux qui le savent n'en disent rien.

Mme Guizot.

Le manque de sensibilité a quelque chose de méprisable ; Ste Thérèse disait : « Je n'aime pas le diable parce qu'il est incapable d'aimer. »

VOLTAIRE.

Celui qui épouse une bonne femme a trouvé un trésor.

SALOMON.

Un soir, entendant crier « au secours », je me précipitais dans un sombre corridor d'où sortait cette voix. C'était un homme qui était en train de massacrer sa femme. Sans perdre du temps, et voyant la malheureuse baignée dans son sang, je fis justice du mari en lui administrant une bonne correction ; mais bientôt la femme revenue de son étonnement me sauta dessus pour défendre le misérable qui, tout à l'heure, voulait l'assassiner. Cette petite scène me donna une idée du mariage, tout autre que celle que j'en avais.

J.-J. STAHL.

Question délicate : « Qu'est la femme ? » Demandez-le à votre cœur, il vous répondra : « La femme, c'est votre mère !... »

L. PEYRONNET.

Toute jeune encore elle aspire vers le bonheur sans se soucier du lendemain ; mais au bout du sentier se trouve le précipice. Jeunes filles, veillez et gardez-vous de tomber. Votre blessure serait incurablé ; ayez soin de suivre les conseils de vos vieux parents ; un serpent est toujours caché sous l'herbe.

Dr BAUZON.

Aimables lecteurs et lectrices, lisez et méditez bien les quelques vers suivants ; ils sont d'un auteur qui, comme moi, aime le beau et le chante avec franchise.

LE LABOUREUR

Sous un toit de chaume il se loge ;
Son réduit de luxe est privé ;
Le sol dur lui sert de pavé ;
Il n'a que son coq pour horloge.

Bien avant les premiers rayons,
Sous sa blouse de toile écrue,
Il s'en va pousser la charrue
Dont le soc ouvre les sillons.

Et souvent la journée est lourde :
Il pâlit sous un ciel d'airain ;
Mais le filet d'eau souverain
Jaillit frais des flancs de sa gourde.

Puis, dans les sillons droit ouverts,
Le voilà qui jette ses graines...
Bientôt, avec leur port de reines,
Elles surgissent en brins verts.

Et le soleil, foyer superbe,
Gonfle et dore les hauts épis,
Où, pour vos plaisirs, sont tapis
Les bluets riant dans la gerbe,

C'est bien — le laboureur, alors,
Voyant se dérouler sa tâche,
Ne prend ni repos, ni relâche
Qu'il n'ait rentré tous ses trésors.

Vrais trésors, dont chacun devine
L'importance et l'utilité ;
Qui nourrissent l'humanité
Sous l'œil de la bonté divine.

Aimez, — de Dieu c'est le dessein.
Tout travail mérite qu'on l'aime.
Aimez, enfants, la main qui sème :
Aimez-la, son labeur est saint.

C'est cette main forte et durcie
Qui fait sortir, du sol comblé,
Vingt épis pour un grain de blé
Et qu'à peine l'on remercie.

— O semeur, pauvre et vigilant,
Que l'amour du ciel aiguillonne,
Du terrain que le fer sillonne
Relève ton front ruisselant.

Tu nous rends la terre féconde ;
Tu devrais nous voir à genoux...
Aussi te glorifions-nous,
Vrai père nourricier du monde.

F. FERTIAULT.

Mon adoré, je t'en prie, ne me dis plus que les femmes ne sont plus capables d'aimer ; tu me fais pleurer ; sois sûr que je t'aime à la folie, et que rien ne me séparera de toi, pas même la mort.

AMÉLIE.

Mariez le jasmin, le lilas, l'églantier,
Et surtout que la rose, embaumant le sentier,
Brille comme le teint de la vierge ingénue
Que fait rougir l'amour d'une flamme inconnue,
Ces trésors pour vous seul ne doivent pas fleurir,
A la jeune bergère, on aime les offrir.

L. PEYRONNET.

Là sur cette terre, pour éclore,
La fleur, amante du soleil,
Attend que l'Orient vermeil
Reçoive le Dieu qu'elle adore.

LÉONTINE.

Les hommes ont du cœur et n'oublient jamais, leur parole est sacrée ; pas besoin de serments : quand ils ont dit : « oui » ce n'est pas « non ». Chez la femme, avouons-le, c'est tout le contraire.

L. PEYRONNET.

Le mariage est l'une des bases principales de la société et la base du mariage est la soumission de la femme à l'homme.

Ceux qui prêchent l'égalité des sexes veulent renverser la société ; pour fonder une famille heureuse, il faut que la femme soit soumise à son mari.

Dr CARON.

L'amour c'est la vie réelle sans laquelle rien n'est beau, aimable, plaisant. Sans l'amour, nous ne vivons qu'à moitié.

Mme D'Arconville.

J'aime mieux passer ma vie entière dans le célibat que de me marier ; j'ai le mariage en horreur.

Mme la Duchesse d'Orléans.

— Ma Louisette, si jolie, toi seule que j'aime, ma seule consolation, mon amour tout pur, viens encore m'embrasser ; tes baisers brûlants me rajeunissent de vingt ans.

Dr Bauzon.

— Adieu ! mon ange ! je vais dans des pays lointains ; mais mon cœur est à toi, pour toujours !

Massonneaux.

La femme est un ange quand elle dort; elle est un véritable démon quand elle est réveillée.

Louis Richard.

Me serai-je trompé ? Non ; la jonquille encor
Offre à mon œil ravi la pâleur de son or.
Je te salue, ô fleur si chère à ma maîtresse !
Toi qui remplis ses sens d'une amoureuse ivresse ;
Ah ! ne t'afflige pas de tes faibles couleurs :
Le choix de ma Myrthé te fait reine des fleurs.

Boucher.

L'abeille inconstante voltige
De fleur en fleur, de tige en tige,
Admirant partout la beauté ;
Sans rien perdre, son aile effleure
Le cytise penché qui pleure
Et la fière ketmie au limbe velouté.

L. PEYRONNET.

Je t'aime, petite fleur
Si gentille et si modeste ;
Ta tête d'un bleu céleste
Représente la candeur.
J'aime ta tige élancée,
Ta robe d'un vert si beau,
O ma belle délaissée
Douce fille du hameau !

L. PEYRONNET.

J'offre, suivant l'antique usage,
La *jonquille* à tous nos maris ;
Le *lis* à fille jeune et sage,
L'*immortelle* à nos beaux esprits,
Le *bluet* à la tendre enfance,
Aux petits-maîtres le *muguet*,
Le méchant n'aura dans la France
Que le *souci* pour son bouquet.
Le *bouton d'or* à la finance,
A nos romanciers des *pavots*,
La *tubéreuse* à l'innocence
Et *les lauriers* à nos héros.
A la veuve d'une journée
Je présente le noir *cyprès* ;
Mais j'offre à celle d'une année,
Lycopode dans ses bouquets.

L. PEYRONNET.

Hâtez-vous, accourez vers ces enfants du ciel,
O vous qui prétendez au trésor de leur miel,.
Galathée, Amarylle, Eriscane, Iphilisse.
Dans les flancs d'un panier parfumé de mélisse,
Agitez le rameau qu'ils tiennent embrassé ;
Que cet essaim conquis, aux bords des eaux placé,
De nouveaux citoyens peuple votre héritage.
Déjà la colonie au dehors se partage ;
Sans cesse elle voltige, ardente à dépouiller
Les lieux qu'Opis et Flore ont pris soin d'émailler.

L. PEYRONNET.

Sophocle à qui l'on demandait si dans sa vieillesse il ne regrettait pas l'amour, répondit : « Je me suis débarrassé de l'amour comme d'un patron sauvage et furieux. »

Dr BAUZON.

C'est bien un ange quand elle dort ; mais sitôt réveillée vous avez l'enfer chez vous ; comme le chat ses caresses sont des coups de griffes.

DE BONVALLIA.

Je ne puis pas comprendre que l'on se remarie. Il faut réellement avoir faim.

Mme LA DUCHESSE D'ORLÉANS.

Les femmes sont la perdition des jeunes gens et leur ruine. Qu'elles soient maudites !

PIERRE CHERTIER.

Ange de candeur et de beauté, furie parfois, la

femme est absolument incompréhensible. C'est le cas de dire : « En l'étudiant on y perd son latin. »
Dr BAUZON.

Je ne puis comprendre pourquoi on se marie une deuxième fois. C'est un acte de folie.
Dr BAUZON.

L'illustre peintre Gueusse, se promenant un jour dans les galeries du Louvre, se mit à admirer les tableaux des sept sacrements par Poussin. « Il y en a un seul qui est mauvais, dit-il, c'est le mariage. »

Diderot se trouvant à côté et ayant entendu lui demanda pourquoi ? C'est parce que, lui répondit Gueusse, le mariage est toujours mauvais, même en peinture.
ALPHONSE RICARD.

A celui que vous aimez, mesdames, envoyez un myosotis.

Fleur naine et bleue, et triste, où se cache un emblème,
Où l'absence a souvent retrouvé le mot j'aime,
Où l'aile d'un phalène a déteint ses couleurs,
Toi qu'on devrait nommer le colibri des fleurs,
Traduis-moi ! porte au loin ce que je n'ose écrire,
Console un malheureux, comme eût fait un sourire !
Enlevée au ruisseau qui délasse mes pas
Dis à mon cher absent qu'on ne l'oubliera pas.
L. PEYRONNET.

> Heureuse mère ! quelle ivresse
> Charmera vos derniers instants.
> Que de baisers, que de tendresse
> Vous prodigueront vos enfants.
> DEMOUSTIER.

> Elle tombe, et tombant range ses vêtements,
> Dernier trait de pudeur, même aux derniers moments.
> Les nymphes d'alentour lui donnèrent des larmes,
> Et du sang des amants, teignirent par des charmes
> Le fruit d'un mûrier proche, et blanc jusqu'à ce jour :
> Éternel monument d'un si parfait amour.
> LA FONTAINE.

> Myrte veut dire : Amour :
>
> Son immortelle verdure
> Embellit tout l'univers
> Et lui prête une parure
> Que respectent les hivers.

Autrefois les amoureux brisaient une paille pour montrer que tout était rompu entre eux.

Dans le *Dépit amoureux* de Molière, Gros-René dit à Marinette en lui présentant une paille :

> Pour couper tout chemin à nous rapatrier
> Il faut rompre la paille. Une paille rompue
> Rend entre gens d'honneur une affaire conclue.
> . . . .
> Romps, voilà le moyen de ne s'en plus dédire.
> . . . . Rompons-nous.
> Ou ne rompons-nous pas ? . . . . . .

La rose de Bengale fleurit toute l'année et donne de nombreuses fleurs. Elle est le symbole de la femme.

> Pourquoi, Seigneur, fais-tu fleurir ces pâles roses,
> Quand déjà tout frissonne ou meurt dans nos climats ?
> Hélas ! six mois plus tôt que n'étiez-vous écloses !
> Pauvres fleurs, fermez-vous ! voilà les blancs frimas.
> DE LAMARTINE.

Quand les peintres représentent les Grâces, elles ont toujours sur la tête une couronne de roses à cent feuilles.

> Roses, quand vous vous balancez
> Gracieuses sur votre tige,
> Près des bosquets où vous croissez
> Votre odeur donne un doux vertige.
> L. PEYRONNET.

Le volubilis est comme les femmes : à peine né il se fane :

> De nos bosquets aimable souveraine
> Fleur que choisit la volupté,
> Croise les nœuds de ta flexible chaîne
> Sur ce berceau que j'ai planté.
> Étends sur lui ton caressant feuillage
> Et par tes fleurs, ajoute tous les jours
> A ce riant et pur ombrage
> Que je réserve à mes amours.
> J. BAJET.

L'âme a deux ailes d'or : la Raison et l'Amour.
VICTOR DE LAPRADE.

L'amour est le médiateur du monde ; il est le rédempteur de toutes les nations.

MICHELET.

Le mariage est un devoir dont la nécessité d'aimer produit l'effet contraire.

DE VARENNE.

On aime une femme pour trois motifs : — Pour sa supériorité ; amour grave, mais rare. — Pour sa beauté ; amour vulgaire et court. — Pour son cœur ; amour durable, mais monotone.

JULES MORIAC.

Malheur à celui qui n'a pas la chance d'être aimé.
CHARLES NODIER.

Plus la femme est oiseuse, plus elle a le cœur occupé ; la paresse engendre le vice.

L. PEYRONNET.

Il est bien doux d'aimer ; mais cela ne dure pas assez.

AMÉLIE LÉONTINE.

Courez après une femme, elle vous fuit ; courez sans elle, elle vous suit.

L. PEYRONNET.

La femme et les fleurs :

Dans leurs plus légers mouvements
L'observateur voit un présage :
Celle-ci, par un doux langage,
Indique la fuite du temps
Qui la flétrit à son passage.
Sous un ciel encor sans nuage,
Celle-là, prévoyant l'orage,
Ferme ses pavillons brillants,
Et sur les bords d'un frais bocage
Sommeille au bruit lointain des vents.
Si l'une, dès l'aube éveillée,
Annonce les travaux du jour,
Et sur la prairie émaillée,
S'ouvre et se ferme tout à tour,
L'autre s'endort sous la feuillée,
Et du soir attend le retour
Pour marquer l'heure de l'amour
Et les plaisirs de la veillée.
Le villageois, le laboureur,
Y voient le sort de leur journée,
Le temps, le calme, la fraîcheur,
Les biens et les maux de l'année ;
Ils voient toute leur destinée
Dans le calice d'une fleur.

Aimé Martin, Lettres à Sophie.

Même les maris qui n'aiment pas leur femme en sont jaloux car ils la regardent comme un meuble qui leur appartient et dont ils ne veulent se priver malgré qu'ils n'y ajoutent pas grande importance.

Mme de Rieux.

La femme et le bouton d'or :

QU'EST LA FEMME ?

Vois, mon fils, ce bouton charmant
Que Zéphir berce de son aile ;
Comme il étale en s'inclinant
L'or dont sa corolle étincelle !

Il semble dire : Viens à moi,
Bel enfant, je suis ton image ;
Ma fleur, naïve comme toi,
Est l'attribut de ton jeune âge.

Mais, ô mon fils, n'approche pas !
Cette Sirène enchanteresse
Est le symbole des ingrats ;
Elle offense qui la caresse.

Ce joli Bouton satiné
Qui sourit comme l'Innocence,
Recèle un suc empoisonné,
Et souvent blesse l'Imprudence.

Des pièges d'un monde inconnu
Apprends, mon fils, à te défendre ;
Tel nous montre un front ingénu,
Qui ne cherche qu'à nous surprendre.

Un jour peut-être tu verras
Plus d'une séduisante Armide ;
Rappelle-toi que leurs appas
Cachent souvent un cœur perfide !

Mais quoi ! je vois couler tes pleurs,
Et ta craintive défiance,
Des Humains, ainsi que des Fleurs,
Semble redouter la présence !

Va, dans le monde il est encor
Des âmes pures, bienfaisantes ;
Pour un perfide bouton d'or
Il est mille fleurs innocentes.

Regarde, et calme tes regrets ;
Près de ce bouton hypocrite,
Flore a pour toi fait naître exprès
La simple et douce Marguerite.

Ainsi puisses-tu rencontrer,
Dans la carrière de la vie,
De vrais amis pour t'éclairer
Et, pour être heureux, une amie.

C. Dubos.

Le mariage est un plaisir de quelques jours ; tous les grands savants disent qu'il nous fait vivre dans l'inquiétude et mourir dans le regret.

Quelques exemples : Pythagore ayant une fille à marier la donna à son ennemi mortel, en disant : « J'ai pensé que le plus grand mal que je pouvais lui faire, c'était de lui donner une femme. »

Socrate disait à ses amis : « J'ai eu à lutter contre trois fléaux terribles : la grammaire, la pauvreté et ma femme ; j'ai trouvé le moyen de me débarrasser des deux premiers ; mais de ma femme, jamais. »

Cicéron après s'être séparé de sa femme répondait à ses amis qui lui conseillaient de se remarier : « Mes amis, il est impossible de se marier avec la philosophie et avec une femme. »

Pour moi je dis, après avoir bien étudié et bien

voyagé, que le mariage peut être, sur terre, le ciel ou l'enfer.
L. PEYRONNET.

L'amour aime tellement le secret et le mystère que l'on peut dire, sans se tromper : il n'y a pas d'amour véritable s'il n'y a pas secret et mystère.
L. PEYRONNET.

Pour toi, ma belle Léontine :
Reçois les lys que je te donne
Pour en former une couronne
L. PEYRONNET.

La femme et le pavot :

    Accordez-moi le privilège
    D'approcher de ce front de neige ;
Et si je suis placé, comme il est à propos,
Auprès de ces soleils que le soleil seconde,
    Je leur donnerai le repos
    Qu'ils dérobent à tout le monde.
SCUDÉRY, G. D. J.

La femme et la tulipe :

Mais quelle est cette fleur nouvelle
Qu'un papillon vient caresser ?
Aux couleurs dont elle étincelle
Il est donc devenu fidèle ?
La tulipe a su le fixer !
La violette qui se cache
Vainement embaume les airs :
C'est à l'éclat seul qu'il s'attache,
Et l'homme est peint dans ce travers.
LEFÉBURE.

La femme et la belle-de-nuit :
Discret témoin, tu vois venir
Quelquefois la jeune bergère ;
Comme toi, son cœur, pour s'ouvrir
Demande l'ombre et le mystère ;
Dis-nous combien de fois l'amour
Sut dérober, dans le silence,
Un soupir qu'à l'astre du jour
N'osait confier l'innocence ?

Constant Dubos.

Le mariage est tellement bête que l'on devrait chercher tous les moyens de perpétuer le monde sans femmes.

Serrazin.

L'amour ressemble à l'amitié et en est, pour ainsi dire, une feuille.

Sénèque.

L'amour avant le mariage est une courte préface d'un livre sans fin.

Petit Senn.

Trouvez-moi un mari que la mort de sa femme épouvante et qui ne compte pas les années qu'elle a encore à vivre pour en être débarrassé !!

Sénèque.

Celui qui n'aime pas sa femme oublie que sa mère était une femme.

Petit Catalogue

De quelques livres instructifs et amusants, écrits par divers auteurs au sujet de la femme.

Pour recevoir franco l'un de ces volumes, à domicile, il suffit d'en envoyer le montant (plus 0 fr. 25 pour le port par la poste) à L. Peyronnet, éditeur, 128, rue Houdan, à Sceaux, près Paris.

N. B. — Les timbres-poste étrangers sont refusés. Nous acceptons seulement les timbres français de dix centimes, les bons de poste et les mandats.

On n'expédie qu'après réception du montant de la commande; pas de remboursements.

Dans ces derniers temps, on a écrit, sur la femme, des livres abominables qui n'ont pas été soumis à la Censure ou ont été condamnés; nous ne tenons pas ces volumes et ne voulons pas les procurer à nos clients; qu'ils s'adressent pour cela aux librairies clandestines; mais pas chez nous, même pour un renseignement à ce sujet.

Tous les livres dont la nomenclature suit ont été soumis à la Censure et approuvés; donc, on peut les lire sans crainte d'immoralité.

Le Voile de la Mort déchiré. Tel est le titre d'un volume de 64 pages qui vient de paraître. D'où nous venons? Ce que nous sommes? Où nous allons? Le tableau de la mort? Les suites de la mort? Les transformations? La Résurrection? etc., etc.

En quelques pages d'un style très simple, à la portée de tous, l'auteur a répondu à toutes les questions qui nous intriguent pendant toute notre vie et il a déchiré le voile de la mort.

Prix : 1 fr.; *franco* 1 fr. 25.

Adresser lettres et mandats ou timbres à L. Peyronnet, auteur-éditeur, 128, rue Houdan, à Sceaux, près Paris.

Magnétisme personnel ou : psychique. Education et développement de la Volonté. *Pour être Heureux, Fort, Bien portant et Réussir en Tout*, par H. Durville. In-18 de 254 pages, avec Têtes de chapitres, Vignettes, portraits et 31 figures explicatives, reliure souple. Prix : 10 francs ; franco : 10 fr. 60.

Le *Magnétisme personnel* est une influence qui permet à l'homme comme à la femme, d'attirer à soi la considération, l'intérêt, la sympathie, la confiance, l'amitié et l'amour de ses semblables; d'obtenir les meilleures situations, d'arriver à la domination et à la fortune, ou tout au moins au bien-être que nous désirons tous. Cette influence nous met immédiatement en contact avec les énergies ambiantes, et nous permet de les fixer en nous pour accroître notre individualité physique et morale. Elle donne au magnétiseur le pouvoir d'opérer, même à distance, des guérisons extraordinaires, et à l'hypnotiseur celui de suggérer ce qu'il veut; c'est lui qui donne à chacun de nous l'intuition, cette perception intime qui permet de distinguer ce qui nous est bon et utile de ce qui nous est nuisible.

Un certain nombre d'individus — les forts, ceux qui arrivent toujours au but de leurs désirs — possèdent naturellement cette influence à un degré plus ou moins élevé ; les autres peuvent l'acquérir, car elle existe chez tous à l'état latent, prête à être développée.

Le hasard n'existe pas. La providence est en nous et non pas hors de nous ; la nature ne nous domine pas, mais elle obéit au contraire à notre impulsion, à notre désir, à notre volonté ; elle est le champ mis à notre disposition pour cultiver notre développement, et nous y récoltons toujours ce que nous y avons semé ; en un mot, *nous faisons notre Bonheur ou notre Malheur, nous assurons nous-mêmes notre Destinée.*

Quels moyens devons-nous employer pour faire notre destinée telle que nous pouvons la concevoir ? — Ces moyens tiennent presque tous à notre caractère que nous pouvons modifier, à l'orientation que nous pouvons donner au courant de nos pensées habituelles, et surtout à l'énergie de la volonté que nous pouvons toujours développer. Mais, pour modifier avantageusement son caractère, pour penser toujours utilement et pour vouloir avec persistance, il faut savoir ; et pour savoir, il est nécessaire d'apprendre. C'est pour cette éducation — qui est à la portée de toutes les intelligences — que ce livre a été rédigé. Il est divisé en deux parties : une *Partie théorique*, qui étudie les lois psychiques ainsi que les manifestations de la pensée et de la volonté ; une *Partie pratique*, démonstrative, expérimentale, qui enseigne les moyens les plus simples de se rendre maître de ses pensées, de développer et de fortifier sa vololonté, pour assurer tous les moyens d'action qui permettent d'arriver plus sûrement au but de ses désirs.

Le *Magnétisme personnel* est un livre de chevet à étudier et à méditer sérieusement. Il rendra les plus grands services à tous les degrés de l'échelle sociale et sera aussi apprécié dans le palais du riche à qui la fortune ne fait pas le bonheur, que dans la mansarde ou la chaumière de l'honnête ouvrier qui aspire à améliorer sa situation. Il est une véritable révélation pour tous ceux qui le comprennent bien, car il contient le Secret de la Vaillance et du Courage, de la Force et de la Santé physique et morale ; le Secret de la Réussite de Tout ce que l'on entreprend ; le Secret de la Bonté, de la Vertu, de la Sagesse ; le Secret de Tous les Secrets : la Clé de la Magie et des Sciences dites occultes.

Transmission de Pensée, par le Dr G. Bonnet. In-18 de xiv-295 pages. Prix : 3 fr. 50 ; franco : 3 fr. 75.

L'auteur a voulu se rendre compte par lui-même des phénomènes de la transmission de pensée signalés, de tout temps, par les magnétiseurs.

Il est fait mention de la transmission de pensée dans la plupart des ouvrages qui traitent du magnétisme animal, de l'hypnotisme, de la suggestion mentale, mais aucun travail d'ensemble n'a jamais été fait encore.

L'auteur a puisé dans ces éléments épars ; il a relevé les observations les plus précises, retenu les expériences les plus concluantes, et, les groupant avec méthode, il a réussi à constituer un ensemble extrêmement intéressant.

Les parties de l'ouvrage qui se rapportent aux professionnels de théâtre et à la transmission simulée de la pensée sont éminemment instructives et nous font comprendre les différents trucs par lesquels on simule la suggestion mentale et la télépathie.

Les résultats surprenants obtenus avec l'aide de sujets spécialement doués par des savants honorables et renommés sont bien indiqués; ils démontrent la réalité de la transmission de la pensée par une simple action mentale.

Les chapitres sont bien distribués, bien ordonnés; le style est clair et facile; la lecture est rendue attrayante par un grand nombre de récits et d'anecdotes.

L'ouvrage n'est pas exclusivement médical ou scientifique, mais il est à la portée de tous.

Le Livre d'or de la Femme. — Sa beauté et ses charmes, par PAUL DE RÉGLA. In-16 de 266 pages. Prix : 3 fr. 50; franco : 3 fr. 75.

Cet ouvrage, véritable *vade mecum* de la jeune fille et de la femme à tous les âges de la vie, est dû à la plume savante et attractive de l'auteur si connu: Paul de Régla.

Après s'être montré historien et critique émérite, le Dr Paul de Régla a fait preuve, dans ce nouveau livre, d'une science profonde de tout ce qui touche aux besoins et aux nécessitées physiques et morales de la femme.

Écrit dans un style toujours clair et précis, sans aucun pédantisme, ce *Livre d'Or de la Femme* est bien digne du grand succès qu'il est facile de lui prédire.

Toutes les femmes voudront l'avoir dans leur cabinet de toilette, pour y puiser le secret d'être toujours jeunes et belles, alors même que l'âge sera venu poser ses stigmates sous la forme accoutumée des rides et des bajoues.

Pour en éclairer le texte par des images restant fixées dans la mémoire, l'éditeur a eu recours à la photographie, comme seul procédé capable de saisir l'instantané des êtres et des choses.

Voici du reste le résumé de la table des matières de ce véritable *Livre d'Or de la Femme*.

La femme et les femmes. — L'enfant et la jeune fille. — La toilette de la jeune fille. — La jeune femme. — Les armes de la beauté. — L'idéal féminin. — La délaissée. — Les femmes qui fument. — L'instruction et l'éducation de la femme moderne. — Hygiène de la digestion et de la nutrition. — Le maquillage. — Les parfums. — Des troubles et des affections. — Les maladies des cheveux et du cuir chevelu. — Petites maladies des yeux, des paupières et des cils. — Des affections de la peau. — Des affections des pieds. — Les maladies de la bouche et des dents. — La migraine, les céphalées et les névralgies. — Les sports et exercices corporels. — De la maigreur, de l'obésité et de leur guérison. — Pharmacopée hygiénique de la beauté et de la santé, etc., etc.

Pour la liberté de la Médecine. *Arguments*

des Médecins. Documents recueillis par H. Durville. Prix : 1 franc ; franco : 1 fr. 25.

Réunion des 19 articles bien étudiés, présentés par 10 médecins, sur les avantages de la liberté de la médecine pour les médecins comme pour les malades.

La Sécurité des Sexes. Fraudes, Passions, Amour, Bonheur. Plus de contagion ni d'avortement, par le Dr Bouglé, in-18 de 302 pages. Prix : 3 fr. 50.

Livre de médecine et de physiologie très documenté, précis et instructif, qui s'adresse à tous ; médecins, instituteurs, chefs de famille, etc. Ceux qu'effraient les résultats des liaisons dangereuses devront surtout le consulter, il donne des indications claires et sûres pour éviter toute contagion et toute surprise désagréable, sans recourir à des moyens coûteux et dangereux. Les dangers des fraudes, des passions et des vices, le traitement de ces dangers et des avaries, la question de la repopulation, la sécurité et le bonheur dans l'amour y sont longuement traités. Ce livre est unique et ne ressemble à aucun de ceux qui l'ont précédé.

L'Astrologie exotérique et ésotérique. Compte rendu de quatre conférences faites en 1899 au siège de la Société théosophique de Londres, par Allan Leo, traduit de l'anglais. In-18 de 75 pages. Prix : 1 fr. 50.

Petit ouvrage qui contient de très bonnes notions d'astrologie.

Les Hallucinations. Étude synthétique des états physiologiques de la Veille, du Sommeil naturel et magnétique, de Médiumnité et du Magisme, par A. Dubet. Prix : 2 francs; franco 2 fr. 25.

L'hallucination a été souvent confondue avec l'illusion. L'auteur s'efforce de lui donner un sens précis, et différencie tous les cas par une classification méthodique. Il étudie l'hallucination dans ses manifestations sensorielles, psycho-sensorielles, psychique, puis télépathique, normale et pathologique, individuelle et collective, pendant la veille et le sommeil naturel ou provoqué; il traite amplement la question de la médiumnité et de la magie.

Le sujet, insuffisamment traité dans les ouvrages de médecine, est particulièrement intéressant. On y trouve beaucoup d'observations et d'arguments inédits de la plus haute importance.

Qu'est-ce que l'Occultisme ? Psychologie, Métaphysique, Logique, Morale, Théodicée, Sociologie, Pratiques, Traditions et Bibliographie de l'Occultisme, par Papus, 2e édition, in-18 de 71 pages. Prix : 1 franc.

Réimpression d'un des bons petits ouvrages de propagande du grand Maître de l'occultisme.

Les Suggesteurs et la Foule. Psychologie des Meneurs, Artistes, Orateurs, Mystiques, Guerriers, Criminels, Écrivains, etc. Traduit de l'italien, par le Dr P. Rossi. Prix : 4 francs; franco : 4 fr. 25.

Ouvrage de psychologie basée sur l'action souvent

inconsciente que les individus exercent les uns sur les autres.

Le Mariage, dans ses devoirs, ses rapports et ses effets conjugaux, 15ᵉ édition. 1 volume avec figures. Prix : 3 fr. 50; franco : 3 fr. 75.

Ce Code des mariés, en indiquant toutes les conditions sanitaires, les règles hygiéniques et les lois morales à observer pour vivre unis et en bonne santé, offre donc le plus haut intérêt pour tous ceux qui se préoccupent d'être heureux et d'avoir une progéniture saine et robuste.

L'Impuissance morale et physique chez les deux sexes, causes, signes, remèdes, 7ᵉ édition refondue. 1 volume avec figures. Prix : 3 fr. 50; franco 3 fr. 75.

Les Sœurs Vachette, par Victor Joze. Il est peu d'ouvrages d'un intérêt aussi vif; l'auteur y dépeint d'une plume osée, mais franche, les vices et les corruptions de la vie mondaine. C'est un tableau véritable de l'état morbide de la société bourgeoise; c'est, en un mot, une leçon de morale profitable à chacun, un vade-mecum des profanes aux curiosités de l'amour à Paris. Un beau volume de 275 pages illustré de nombreux dessins d'après nature, couverture en couleurs de Jacques Abeillé. Prix franco : 3 fr. 50.

L'Homme à femmes, par Victor Joze. Don Juan, malgré sa liste célèbre de conquêtes, est terriblement dépassé par ce drôle, joueur, noceur par excellence et qui se trouve constamment mêlé à une vie d'extravagances libertines. Il n'est point d'homme qui ne fut plus fêté et plus recherché parmi la haute société féminine, aimant toutes les femmes, roulant de vice en vice, de débauche en débauche. Il se tire fort adroitement de maintes aventures galantes et burlesques. Ce récit piquant est un vrai document. Un beau volume illustré sous couverture en couleurs. Prix : 3 fr. 50; franco : 3 fr. 75.

Une Inassouvie, par Antonin Reschal. Ce roman est la biographie étrange et curieuse d'une vie de folie amoureuse. En fin observateur, Reschal a étudié dans le détail les mœurs et les goûts de son héroïne, il nous la montre roulant sans cesse dans le tourbillon de la volupté, subissant tour à tour les étreintes les plus diverses. Heureuse d'aimer et d'être aimée, sa passion n'a d'égale que les fugues amoureuses qui en font le vrai type de la Parisienne. Un beau volume illustré de nombreux dessins, couverture en couleurs de Jacques Abeillé. Prix : 3 fr. 50; franco : 3 fr. 75.

Jeune Fille avec tache, par Victorien du Saussay, avec une préface de Félicien Champsaur. Ce livre est une longue complainte d'amour. C'est toute une histoire de femme qui se déroule dans le charme et la séduction. Du Saussay dépeint les pires caprices féminins dans la plus farouche des passions sensuelles, la hardiesse la plus affolante avec tout le réalisme qui fait de ce volume un véritable chef-d'œuvre d'actualité. Cet ouvrage est illustré de plus de 100 gravures obtenues par la photographie d'après modèle vivant. Prix : 3 fr. 50; franco : 3 fr. 75.

L'Amour à Paris, par Jules Davray, un volume in-18 de 220 pages avec 20 dessins de L. Vallet de la *Vie Parisienne*, de José Roy et de Forain. Curieux volume, donnant des aperçus inconnus sur la vie des femmes galantes à Paris, couverture illustrée et coloriée. Prix : 3 fr. 50; franco : 3 fr. 75.

Les Vénus impudiques, par le Dr Caufeynon. Ce livre n'est pas un roman. C'est l'énumération complète de la vie des courtisanes anciennes ou modernes qui ont eu le plus souvent l'occasion de se rendre célèbres par la vie de débauche qu'elles ont menée. C'est Cléopâtre et ses exploits, ses amours avec le César romain ; Sapho, la célèbre lesbienne et son école. L'auteur y décrit d'après les documents les plus authentiques les débauches fantastiques des Chloé, des Thaïs, comme aussi celles des grandes courtisanes de tous nos rois. Ce livre unique forme un beau volume de 320 pages. Prix : 4 francs; franco : 4 fr. 25.

Les Reines du trottoir, par Aug. Villiers et A. Devancaze. Curieuse et attachante étude sur la prostitution, les bas-fonds de Paris et les repaires des souteneurs. Un beau volume de 252 pages, illustré de 30 dessins et 15 en-têtes de chapitres et culs-de-lampe par Lacarrière et Joanès, avec couverture coloriée. Prix : 3 fr. 50; franco : 3 fr. 75.

Messieurs les Alphonses (suite aux *Reines du Trottoir*), des mêmes auteurs; récit impressionnant sur les meurtres, vols et guet-apens commis par les souteneurs et les filles. Etude de mœurs réaliste. Un superbe volume de 276 pages, illustré de plus de 30 dessins de nos meilleurs artistes, avec couverture illustrée et coloriée. Prix : 3 fr. 50; franco : 3 fr. 75.

La Débauche à Paris, par Jean de Merlin. Curieuse étude de mœurs sur les maisons de plaisirs, refuges de la haute et basse pègre, filles de joie et souteneurs, un beau volume. Prix : 3 fr. 50; franco : 3 fr. 75.

Amours d'Apaches, roman de la basse pègre, par Alphonse Gallais dit « le Gustave Aimard des jungles parisiennes ». Ouvrage sensationnel où sont analysés des types sinistres, tels que Charlot le Grêlé, qui terrorisent et ensanglantent les nuits de Paris. Trente dessins réalistes du fin observateur V. Spahn et une couverture en couleurs du maître Gottlob encadrent superbement cette œuvre vécue, d'un intérêt puissant et inoubliable, 1 beau volume. Prix : 3 fr. 50; franco : 3 fr. 75.

L'Amour à Berlin (Babylone d'Allemagne), par Victor Joze. Un beau volume illustré de nombreux dessins de Bac, Lubin de Beauvais. Couverture en couleurs de Toulouse Lautrec. Prix : 3 fr. 50; franco : 3 fr. 75.

Les Vices du Peuple, par le Dr Boulé (11e mille). L'auteur de ce volume a reçu plus de 8,000 lettres élogieuses. Aucun livre, dans aucune langue, n'est aussi documenté, aussi instructif ni aussi utile.

Amour, Vigueur, Aisance, Bonheur, Sécurité. Plus de déception, de désespoir, de contagion, ni de pratiques criminelles. Etudiants, médecins, pharmaciens, sages-femmes. Un beau volume de 330 pages. Prix : 3 fr. 50. franco : 3 fr. 75.

La Débauche, par Louis Besse, puissante étude des mœurs parisiennes, intrigue captivante et dénouement saisissant. Nouvelle édition. Détails inédits sur les milieux du vice. Curieuses révélations. Un fort volume superbement illustré. Prix : 3 fr. 50; franco : 3 fr. 75.

Les Amours de Napoléon III, mémoires justement célèbres de Marguerite Bellanger, sa maîtresse. Prix : 3 fr. 50; franco : 3 fr. 75.

Les Trois Cocus, roman comique, par Léo Taxil. Nouvelle édition, illustrée de 281 dessins des plus amusants par le célèbre caricaturiste Pépin. Beau volume de 400 pages. Prix : 3 fr. 50; franco : 3 fr. 75.

L'Amour et les Baisers, par Pol de Saint-Merry, un beau volume illustré de nombreux dessins, couverture en couleurs. Prix : 3 fr. 50; franco : 3 fr. 75.

La Femme et l'Epouse, par Pol de Saint-Merry,

beau volume illustré par Jean Baral, couverture en couleurs. Prix : 3 fr. 50; franco : 3 fr. 75.

Charmeuse de cœurs, par Pol de Saint-Merry, un beau volume illustré par G. Chamonin. Couverture en couleurs. Prix : 3 fr. 50; franco : 3 fr. 75.

L'Armée du Vice, par Jules Davray, un volume in-18 jésus, illustré de nombreux dessins par nos meilleurs artistes. Superbe volume de l'auteur de l'*Amour à Paris*, donnant tous les renseignements sur le vice et ses pratiques, ses prêtres et ses prêtresses, documents rares et inédits. Prix : 3 fr. 50; franco : 3 fr. 75.

L'Arrière-Boutique, par Georges Brandimbourg, roman de mœurs parisiennes, couverture de Redon, belles illustrations de Jacques et D. Mullet. Prix : 3 fr. 50; franco : 3 fr. 75.

Croquis du Vice, par G. Brandimbourg. Ce beau volume, dont la couverture est de Steinlen, contient en outre une composition de Heidbrinck. Nombreuses illustrations par Radiguet, D'Espagnat et D. Mullet. Prix : 3 fr. 50; franco : 3 fr. 75.

Les Amours du chevalier de Faublas, l'immortel chef-d'œuvre de Louvet de Couvray. Réimpression complète, conforme à l'édition de 1787. Illustré de nombreux dessins inédits, couverture en couleurs. Complet en 3 volumes. Ensemble. Prix : 3 francs. franco : 3 fr. 25.

Cœur immolé, par Louis Latourette. Un magnifique volume de luxe ; illustré de 4 lithographies hors texte, couverture illustrée de Jack Abeillé. Prix : 3 fr. 50.

Marchande d'Amour, *Maison Rosine*, par Jean Bruno. Roman d'études initiant les lecteurs aux mystères des maisons de rendez-vous ; beau volume inédit de 252 pages, illustré de nombreux dessins de Léon Roze ; couverture en couleur de Victor Spahn. Prix : 3 francs ; franco : 3 fr. 50.

Les Enfants d'une Gueuse, *Maison Rosine* (suite de *Marchande d'Amour*), par J. Bruno. Roman tragique de mœurs réalistes, illustré de 30 dessins inédits de Léon Roze ; couverture illustrée en couleur. Prix : 3 fr. 50 ; franco : 3 fr. 75.

Les Vierges fin-de-siècle, par Jean Bruno. Un beau volume de 370 pages, couverture en couleur par Lacarrière. Prix : 3 fr. 50 ; franco : 3 fr. 75

La Ceinture de chasteté, son histoire, son emploi autrefois et aujourd'hui, par le Dr Caufeyron.

Cet ouvrage absolument unique a été écrit tout entier d'après des documents authentiques.

Des recherches nombreuses dans tous les Musées de France et de l'étranger, ainsi que dans les bibliothèques, ont permis à l'auteur d'étudier et de comparer ces singuliers appareils dans leur fabrication, d'en établir l'histoire, et de mettre au point les légendes et les récits fantaisistes publiés jusqu'à ce jour.

Dans un chapitre particulièrement curieux, il prouve, avec preuves à l'appui, que la *séquestration partielle* est encore en usage de nos jours, et reproduit des documents de procédure, des lettres de fabricants, des prospectus, qui jettent un jour particulier sur cette question troublante.

De superbes gravures et des photographies *d'après nature* montrent en place la série complète des appareils que l'auteur a eus à sa disposition.

Cet ouvrage, tiré sur beau papier, constitue un véritable volume de collectionneur. Prix : 5 francs ; franco, 5 fr. 50.

La Prostitution à Paris, par le D' PARENT-DUCHATELET, agrégé à la Faculté de Paris, médecin en chef de la prison Saint-Lazare, professeur de clinique à l'hôpital de la Pitié, membre de l'Académie de Médecine, vice-président du Conseil de Salubrité de la ville de Paris.

Etude impartiale faite sous le triple rapport de la Santé publique, la Morale, l'Administration, et appuyée de nombreux documents puisés dans les archives de la Préfecture de police. Prix : 3 fr. 50; franco : 3 fr. 75.

La Prostitution à travers les âges, par le D' CAUFEYNON, ancien médecin sanitaire aux Colonies. Etude depuis les temps les plus reculés jusqu'à nos jours. Historique complet de la prostitution en Assyrie,

Chapitre XI. — Tentatives d'Etiennette sur Emma. — Refus énergique. — Intervention de la proxénète.

Chapitre XII. — Retour de l'étudiant. — Une liaison d'amour. — Scènes de jalousie. — Exigences obscènes. — Emma inconsolable.

Chapitre XIII. — Rage amoureuse. — Emma à la brasserie.

Chapitre XIV. — Emma fait le trottoir. — Saint-Lazare. — Une amie. — Eva et son marlou. — La marmite à Julot. — Rue de la Goutte-d'Or. — Amour morbide et amour maternel.

Chapitre XV. — Scènes de violence. — Emma tuée par son amant. — Epilogue.

Ce curieux volume est envoyé franco et clos, contre mandat ou bon de 3 fr. 75.

SECRETS OCCULTES — GRIMOIRES

Le Secret des Secrets, par Barcus. Contenant des remèdes naturels et efficaces pour conjurer et guérir toutes les maladies des Bêtes domestiques à quatre pattes, et diverses recettes pour les éduquer. Prix : 3 francs; franco, 3 fr. 50.

Magnétisme personnel, par H. Durville. Pour être heureux, fort, bien portant et réussir en tout, avec figures, reliure souple. Prix : 10 francs; franco : 10 fr. 60.

Ce livre est une véritable révélation, car il contient

le Secret de la Vaillance, du Courage, de la Force et de la Santé physique et morale ; le Secret de la Réussite de tout ce que l'on entreprend ; le Secret de la Bonté, de la Vertu, de la Sagesse ; le Secret de tous les Secrets ; la Clé de la Magie et des Sciences occultes.

Les Vrais Secrets de la Magie noire, par Legran. 2 volumes. *Pratiques occultes dévoilées.* Prix : 5 francs ; *Applications.* Prix : 5 francs.

Clefs majeures et Clavicules de Salomon, par Eliphas Lévi, avec 100 dessins. Prix : 20 francs.

Secrets merveilleux, par l'Abbé Julio, pour la guérison de toutes les Maladies physiques et morales, avec 2 portraits et 22 figures coloriées. Reliure souple. Prix : 12 francs ; franco, 12 francs.

Prières merveilleuses, par l'Abbé Julio, pour la guérison de toutes les Maladies physiques et morales, avec 2 portraits et des figures coloriées. Reliure toile. Prix : 3 fr. 50 ; franco, 3 fr. 75.

Précieux ouvrages qui permettent aux *croyants* d'obtenir des guérisons inespérées. Le second est un abrégé du premier.

OUVRAGES ANONYMES

Le Dragon noir, ou les Forces infernales soumises à l'homme, avec figures, cartonné. Prix : 20 francs.

La Vénus magique, contenant les théories

secrètes et les Pratiques de la Science des sexes, relié. Prix : 20 francs.

Le Véritable Dragon rouge, où il est traité de l'Art de commander aux esprits aériens et terrestres, faire apparaître les morts, lire dans les astres, découvrir les trésors, sources, etc., plus la *Poule noire*. Edition augmentée des Secrets de la reine Cléopâtre, secrets pour se rendre invisibles, secrets d'Arthépius, etc., etc., avec la marque d'Astaroth et nombreuses figures. Sur l'édition de 1521. Prix : 35 francs.

Le Dragon rouge, par M. Robville, ou l'Art de conjurer les Esprits. Démontré par des faits et des exemples, avec figures (*réimpression moderne*). Prix : 3 francs ; franco, 3 fr. 50.

Les Secrets merveilleux de la Magie naturelle du Petit Albert. Tirés de l'ouvrage latin *Alberti parvi lucii Libellus de mirabilibus naturæ Arcanis* et d'autres écrivains philosophes. Enrichis de figures mystérieuses. Nouvelle édition corrigée et augmentée. Lyon, chez les héritiers de Beringos frares, à l'enseigne d'Agrippa. M. DC. LVIII. Prix : 30 francs.

Le Petit Albert et les Secrets merveilleux de la Magie naturelle. Traduits d'après l'original en latin intitulé : *Alberti parvi lucii Libellus de mirabilibus naturæ Arcanis*. Nouvelle édition augmentée de Secrets nouveaux, indispensables, très curieux, et ornée de gravures explicatives. (*Réimpression moderne.*) Prix : 3 francs ; franco, 3 fr. 50.

Les Secrets admirables du Grand Albert.
Comprenant les Influences des Astres, les Vertus magiques des Végétaux, Minéraux et Animaux, les curiosités merveilleuses, la Physiognomonie et des Recettes infaillibles pour la santé de l'homme et de la femme et pour la Réussite en toutes choses. Version collationnée sur l'édition latine de 1651 et illustrée de nombreux dessins. Prix : 6 francs; franco, 6 fr. 50.

Enchiridion du pape Léon, envoyé comme rare présent à l'empereur Charlemagne. A Rome, 1740, avec figures coloriées. Prix : 45 francs.

Les Secrets admirables du Grand Albert (le titre de l'ouvrage a été enlevé). Impression moderne. Prix : 2 fr. 50; franco, 2 fr. 75.

Le Grand Albert et ses Secrets merveilleux. Publiés d'après des Recherches nombreuses et sur des Documents les plus authentiques et les plus incontestables des sciences naturelles, avec figures. (*Édition moderne*). Prix : 3 fr. 50; franco, 3 fr. 75.

Le Trésor du Vieillard des Pyramides. Véritable Science des Talismans pour conjurer les Esprits de toute nature, leur commander, en obtenir tout ce que l'on veut et déjouer au besoin leurs malices. *La Chouette noire*, oiseau merveilleux, au moyen duquel on découvre immanquablement tout ce que la Terre renferme de précieux, avec figures et planches. Prix : 20 francs.

Le Triple vocabulaire infernal. Manuel du démonomane, par Frinellan, *démonographe* à Paris, ou les Ruses de l'enfer dévoilées, avec figures. Prix : 10 francs; franco, 10 fr. 50.

Le Grand Grimoire, avec la Grande clavicule de Salomon, et la Magie noire, ou les Forces infernales du Grand Agrippa, pour découvrir tous les Trésors cachés, et se faire obéir de tous les Esprits; suivie de tous les Arts magiques, avec figures. Prix : 10 francs; franco, 10 fr. 50.

La Poule noire ou **La Poule aux œufs d'or**, par A. J. S. D. R. L. G. F., avec la Science des Talismans et Anneaux magiques : l'Art de la Nécromancie et de la Cabale, pour conjurer les esprits; acquérir la connaissance des sciences secrètes; découvrir les trésors et obtenir le pouvoir de commander tous les Êtres et déjouer tous les maléfices et les sortilèges, d'après la doctrine de Socrate, Pythagore, Platon, Zoroastre et autres Philosophes, dont les ouvrages manuscrits ont échappé à l'incendie de la Bibliothèque des Ptolémées et traduits de la langue des Mages, etc. En Egypte, 740, avec figures. (*Réimpression moderne.*) Prix : 5 francs.

Nota. — Adresser lettres et mandats à L. Peyronnet, éditeur, 128, rue Houdan, à Sceaux, près Paris.

Le Bréviaire de la Femme, pratiques secrètes de la Beauté, par la comtesse de Tramar, avec de nombreuses illustrations de René Lelong et par la photographie d'après nature, avec 2 gravures en couleurs représentant un *cabinet de toilette* et une *salle de bains*.

80ᵉ édition. 1 volume grand in-18 jésus. Prix : 3 fr. 50; franco : 3 fr. 75.

Le succès prodigieux qui a accueilli ce volume dès son apparition, dont en témoignent les 80 éditions vendues dans l'espace de quelques mois, nous dispense d'en faire l'éloge et dit assez combien ce volume a fait sensation parmi les femmes un peu soucieuses de conserver leur jeunesse et leur beauté.

Ce livre, unique en son genre, est véritablement le *Bréviaire de la femme*, son livre de chevet, et toutes celles qui le liront le quitteront radieuses, reconquises et réconfortées, ayant puisé là une nouvelle provision de confiance en elles-mêmes et, partant, mieux armées pour la lutte, la lutte acharnée contre l'éternel ennemi : *la Vieillesse*.

L'homme également y trouvera des renseignements utiles, ne serait-ce que d'être initié à tous les artifices féminins et aux armes de combat employés par la femme pour le conquérir.

L'Etiquette Mondaine. Usages de la Société moderne dans toutes les circonstances de la vie. Nouveau Guide des gens du monde, par la comtesse de Tramar. Edition illustrée. Un fort volume de 548 pages in-18. Prix : 3 fr. 50; franco : 4 francs.

Envoi franco contre mandat-poste adressé à L. Peyronnet, éditeur, 128, rue Houdan, à Sceaux, près Paris.

EXTRAIT DE LA TABLE DES MATIÈRES

LA JEUNE FEMME

La clef du bonheur familial. — Son influence dans

le monde. — Son action sur la société. — Réserves nécessaires.

LA JEUNE FILLE

Son initiation dans le monde. — Les écueils à éviter. — La grâce et l'aisance.

L'HOMME DU MONDE

L'arbitre des élégances. — La vie factice et conventionnelle. — En représentation. — Le bon ton. — Politesse et galanterie. — Petits devoirs du mondain.

LES VISITES

Devoirs d'une maîtresse de maison. — Grandes réceptions. — Réceptions ordinaires. — Observations générales. — Visites obligatoires. — L'étiquette pour toutes les visites. — Durée des visites. — Ceux à qui l'on doit des visites. — Attitude des visiteurs. — Salut aux maîtres de la maison. — Comment on doit saluer. — Shake-hand. — Poignée de main. — L'harmonie des gestes. — Présentations. — Toilettes de visite. — L'arrivée. — Le départ.

LA CONVERSATION

Attitude et contenance. — L'art de diriger la conversation. — La courtoisie dans la conversation. — Le charme de la parole. — Appellations et titres. — Sujets de conversation. — La distinction du langage. — Brillant causeur. — Cabotinage. — Jeux de mots.

LES DINERS

Les coulisses du ménage. — Les invitations. — L'étiquette à table. — Désignation des places. — Les grands dîners. — Dîners de demi-cérémonie. — Dîners intimes. — Le service à la russe. — Dîners à la française. — Comment on doit manger. — Savoir découper et servir. — Conseils aux invités. — Les toasts. — La fin du dîner. — Le café. — Le fumoir. — La soirée. — Les déjeuners. — Five o'clock tea. — Le réveillon. — Lunch. — Garden-party.

BALS ET SOIRÉES

Le gouvernement d'un salon. — Invitations. — Les préparatifs. — La mise en scène. — Les invités. — Toilettes de bal. — Bals costumés. — Les redoutes. — Bals blancs. — Bals roses. — Bals collectifs. — Le cotillon. — Bals de société. — Bals de bienfaisance. — Bals d'enfants. — Invitations à danser. — L'art de danser. — Le souper. — Le buffet. — Concerts et soirées musicales. — Comédie de salon. — Conduite à tenir envers les artistes. — Les jeux. — Le thé. — Petits jeux. — Comédies enfantines.

LA VIE HORS DE CHEZ SOI

L'étiquette au théâtre. — Au cercle. — Le club. — Aux courses. — Le grand prix. — Au salon. — Le vernissage. — L'étiquette en voiture. — En automobile. — La bicyclette. — La tenue à l'église. — Dans la rue. — Dans l'escalier. — Dans les magasins. — Ventes de bienfaisance. — A la chasse. — Relations de voisinage.

LES CAS ÉPINEUX ET DÉLICATS

Les audiences. — Comment passer les portes. — Quel bras offrir. — Le mouchoir de poche. — La timidité, l'aplomb et l'aisance. — La médisance. — La « rosserie ». — Certains cas embarrassants. — La voilette, le gant et l'éventail. — Petites incorrections à éviter.

MENUS FAITS

Fêtes à souhaiter. — La délicatesse des emprunts. — Rapports avec le médecin. — Le prêtre. — Envers les employés et fonctionnaires. — L'étiquette des fumeurs. — La femme témoin. — Le téléphone. — Le piano.

LE MARIAGE

Démarches préliminaires. — La demande officielle. — La présentation. — La bague des fiançailles. — La « cour ». — Durée des fiançailles. — La corbeille. — Le trousseau. — Cadeaux de noce. — Le contrat. — Les invitations. — Formalités légales du mariage civil. — Les publications. — Les oppositions. — Les dispenses. — Les pièces exigées. — Mariage à la mairie. — Formalités du mariage religieux. — Les bans. — Les pièces exigées. — Les dispenses. — Ordre du cortège. — Demoiselles et garçons d'honneur. — La cérémonie à l'église. — La quête. — A la sacristie. — Mariage protestant. — Mariage israélite. — Mariage de veufs. — Secondes noces. — Après la cérémonie. — Le lunch. — Dîner et bal de noces. — La toilette des hommes. — *Toilette du marié.* — *Toilette des garçons d'honneur.* — *Tenue des hommes invités.* — La toilette des femmes. — *Toilette de la mariée.* — *Toilette des demoiselles d'honneur.* — *Toilette des femmes du cortège.* — Voyage de noces. — Les visites de noces. — Mariage de châtelains à la campagne.

LA NAISSSANCE

L'attente du nouveau-né. — Autour du berceau. — L'annonce de la naissance.

LE BAPTÊME

Parrains et marraines. — La cérémonie. — Obligations mondaines. — Les cadeaux. — Les bonbons.

LA PREMIÈRE COMMUNION

Préparation de l'enfant. — La cérémonie. — Les parents. — Cadeaux et souvenirs.

DÉCÈS ET FUNÉRAILLES

Premières dispositions. — Formalités obligatoires. — Organisation du service. — La maison mortuaire. — Le cortège. — La cérémonie funèbre. — Au cimetière. — Convois militaires. — Dignitaires de la Légion d'honneur. — Funérailles protestantes. — Funérailles israélites. — Usages de quelques provinces.

LES DEUILS

Considérations générales. — Grands deuils. — Petits deuils. — Deuils divers. — Deuils des gens de maison. — Quelques règles à observer.

LA CORRESPONDANCE

Lettres aux personnages officiels. — Formules diverses. — Le papier. — La forme. — La date. — La signature. — La suscription. — Timbres-poste pour réponses. — Un cas délicat. — Quelques conseils épistolaires.

LETTRES DE FAIRE PART ET D'INVITATION

Invitations à un dîner. — Invitations à une soirée, un bal, etc. — Lettres d'invitation à la bénédiction nuptiale. — Faire part de mariage. — Faire part de naissance. — Lettres d'invitation à un convoi. — Faire part de décès. — Réponses aux diverses invitations.

LA CARTE DE VISITE

Règles générales. — Libellé de la carte. — Cartes en réponse. — Cartes cornées ou pliées. — Différents usages de la carte.

LES ÉDUCATEURS DE L'ENFANT

Précepteur et institutrice. — Les professeurs. — Directeurs d'établissements d'éducation. — Le rôle des parents.

MAITRES ET DOMESTIQUES

Domestiques de grande maison. — Domestiques ordinaires. — La méthode du service.

ÉTRENNES ET CADEAUX

Cadeaux de Noël. — Etrennes. — OEufs de Pâques. — Poisson d'avril. — Conseils importants.

L'HOSPITALITÉ

Devoirs des amphitryons. — Devoirs des invités.

LE SAVOIR-VIVRE COSMOPOLITE

L'*Etiquette mondaine*, le nouvel ouvrage que la comtesse de Tramar, une vraie femme du monde doublée d'un excellent écrivain, vient de publier chez Victor-

Havard et Cie, constitue un livre unique, une véritable *encyclopédie des usages mondains*.

La comtesse de Tramar, née dans ce milieu mondain, y ayant toujours vécu, nous apporte, avec sa science de la vie, les véritables traditions de cette société fermée qui, aujourd'hui, fusionne avec les classes neuves de notre société moderne, et ce volume, admirablement vécu et conçu dans une forme très pratique, est devenu le code définitif et indiscutable de toutes les mondaines les plus raffinées.

Certaines publications similaires ont été trop souvent signées de noms fantaisistes, timbrées de couronnes plus fantaisistes encore, laissant croire que l'écrivain faisait partie réellement de cet aréopage qui édicte les lois mondaines, alors que toutes les nuances si délicates du savoir-vivre et de l'étiquette lui étaient peu familières. La plupart de ces publications n'ont été en réalité que des opérations ou des affaires de librairie.

Mais ici, le succès retentissant que la comtesse de Tramar a obtenu tout récemment avec le *Bréviaire de la femme*, ainsi que sa grande notoriété mondaine, a assuré immédiatement à ce nouvel ouvrage un chaleureux accueil auprès du public.

Ajoutons que cet ouvrage contient également de nombreuses et superbes gravures de FERNAND FAU et de CHATELAINE qui viennent appuyer et expliquer le texte et qui fixent, comme un plan, les gestes, le mouvement et les attitudes des milieux mondains. Cette superbe et *unique édition illustrée* n'a pas l'aridité de la simple formule des anciens manuels aujourd'hui si démodés; c'est, en quelque sorte, l'éducation par l'image et l'initiation aux gestes, aux attitudes comme à tous les rites

Indes, Syrie, Phénicie, Lydie, Arménie, Palestine, Egypte, à Athènes, Corinthe, Sparte, à Rome, chez les Francs, au moyen âge, sous la Renaissance et jusqu'à nos jours. Un fort volume illustré de nombreux dessins de Baral, couverture en couleurs. Prix : 2 fr. 50. Franco : 3 francs.

Le Pèlerin de Cythère. Voyages d'étude physiologique chez les prostituées des principaux pays du globe. Extraits et résumé de la relation encore inédite des voyages effectués de 1885 à 1897, autour du monde, par l'explorateur V. Guilbert de Fréval, recueillis et publiés avec son autorisation par le Dr Grandier-Morel, ancien médecin de la Marine. Prix : 2 fr. 50 ; franco : 3 francs.

OUVRAGE SPÉCIALEMENT RECOMMANDÉ

Scènes d'amour morbide. Observations psycho-physiologiques, par le Dr Caufeynon. Livre où sont étudiés de façon troublante et sincère les passions violentes des détraqués de l'amour.

Ce volume ne peut être vendu qu'aux personnes d'un certain âge, il ne peut être mis entre les mains des jeunes gens.

Extrait de la table des chapitres :

Chapitre Premier. — La famille Poilbot. — La Beaupoil. — Dévergondage de la mère. — Enfance d'Emma.

Chapitre II. — Emma à Paris. — Un patron lubrique.

Chapitre III. — Emma chez une proxénète. — La Francion et son commerce. — Une singulière table d'hôte. — Un joli monde.

Chapitre IV. — Les pensionnaires de la Francion. — Récit d'une aventure d'érotisme. — Les vieux libertins les sérails de Paris. — Scènes d'érotisme.

Chapitre V. — Caprice d'Emma. — Trois dans le même lit. — Une virginité bien gardée. — L'amour morbide fait son apparition. — Les vieux débauchés de la Francion.

Chapitre VI. — Jacques ne veut pas de pucelles. — Embarras de la proxénète. — Tromperie sur la marchandise. — Défloration brutale.

Chapitre VII. — Un homme qui se plaint que la mariée est trop belle. — Fureurs et craintes de l'étudiant. — Emma inconsolable.

Chapitre VIII. — Scènes de fétichisme. — Les fétichistes, observations médicales. — Les prostituées costumées en religieuses. — Une maison de l'avenue Trudaine.

Chapitre IX. — Une virginité refaite. — Procédé de la Francion. — Emma livrée comme pucelle une deuxième fois.

Chapitre X. — Etiennette, sa vie lesbienne. — Scènes et observations du tribadisme. — Mœurs des Tribades. — Confession d'une jeune fille. — Le temple de Vesta. — Examens et tribades. — Charmes exigés.

de la haute société parisienne, et comme une sorte d'*encyclopédie mondaine* qui, dans ses 548 pages, embrasse tout ce qu'un homme ou une femme bien élevés doivent connaître.

Les privilégiés, les initiés ne sont pas seuls à avoir besoin de ce livre ; il y a, surtout à notre époque active, nombre de gens qui n'ont pas le temps de s'attarder à ces formules et qui se trouvent parfois pris au dépourvu lorsqu'ils sont forcés de sacrifier au monde ; ils regrettent alors la lacune qui se produit.

Que d'amitiés précieuses, que de relations utiles ont été ébranlées ou paralysées par l'oubli de certains usages mondains, interprétés comme des actes d'impolitesse ! Que de fiançailles rompues, que de démarches officielles privées de suites favorables, par l'ignorance de certaines règles du savoir-vivre ou la négligence de certaines formules consacrées !

Désormais, il suffira de consulter l'*Etiquette mondaine* de la comtesse de Tramar ; tout y a été consciencieusement traité et prévu, et le succès considérable qui a accueilli ce livre dès sa publication ne peut que s'augmenter encore, car c'est le livre, le code définitif pour notre actuelle génération.

La Cuisinière des ménages, par Rosalie BLANQUET. Manuel pratique de cuisine et d'économie domestique pour la ville et la campagne ; contenant l'art de découper, le service de table, les devoirs d'une maîtresse de maison, les menus gras et maigres pour toutes les saisons, un Traité de la cave et les maladies des vins, et un grand nombre de recettes d'économie domestique. Un très fort volume in-12, illustré de très nombreuses figures, cartonné solidement, dos toile, impr. or et noir, couverture chromo. Prix : 3 fr. 50.

La Cuisinière cordon bleu de la famille, par Annette Lucas. Un fort volume in-12 illustré, cartonné dos toile (édition de colportage). *Non franco* : 1 fr. 50. *Franco* : à Paris, 1 fr. 75 — hors Paris, 2 fr. 50.

Le Jardinier moderne, par V. Fournier et L. Bailleul. Traité complet de jardinage, indiquant la manière d'établir, de distribuer et d'entretenir un jardin, la culture des fleurs, plantes et arbres d'ornement, plantes potagères, arbres fruitiers, vigne, les travaux de chaque mois, etc. Un très fort volume in-12 de 684 pages, illust. de 325 fig. Broché, couvert. en coul. 5 fr. 50. Cartonné solidement, dos toile, titre or : 6 fr. 50.

Le Jardinier pratique, par H. Rousselon, avec la collaboration de Jacquin, Noisette, Hocquart et Vibert. Guide des amateurs dans la culture des plantes utiles et agréables; contenant les jardins fruitier, potager et d'agrément; augmenté de la composition des jardins et de la culture des plantes de serre et d'appartement. Un fort volume in-12 de 540 pages, illust. de 120 gravures. Broché, couverture illustrée. Prix : 3 fr. 25. Cartonné solidement, dos toile. Prix : 4 fr. 2

NOTA

Pour être servis vite et régulièrement, adressez toujours vos lettres et mandats à L. Peyronnet, éditeur, 128, rue Houdan à Sceaux, près Paris.

Sceaux. — Imprimerie Charaire.

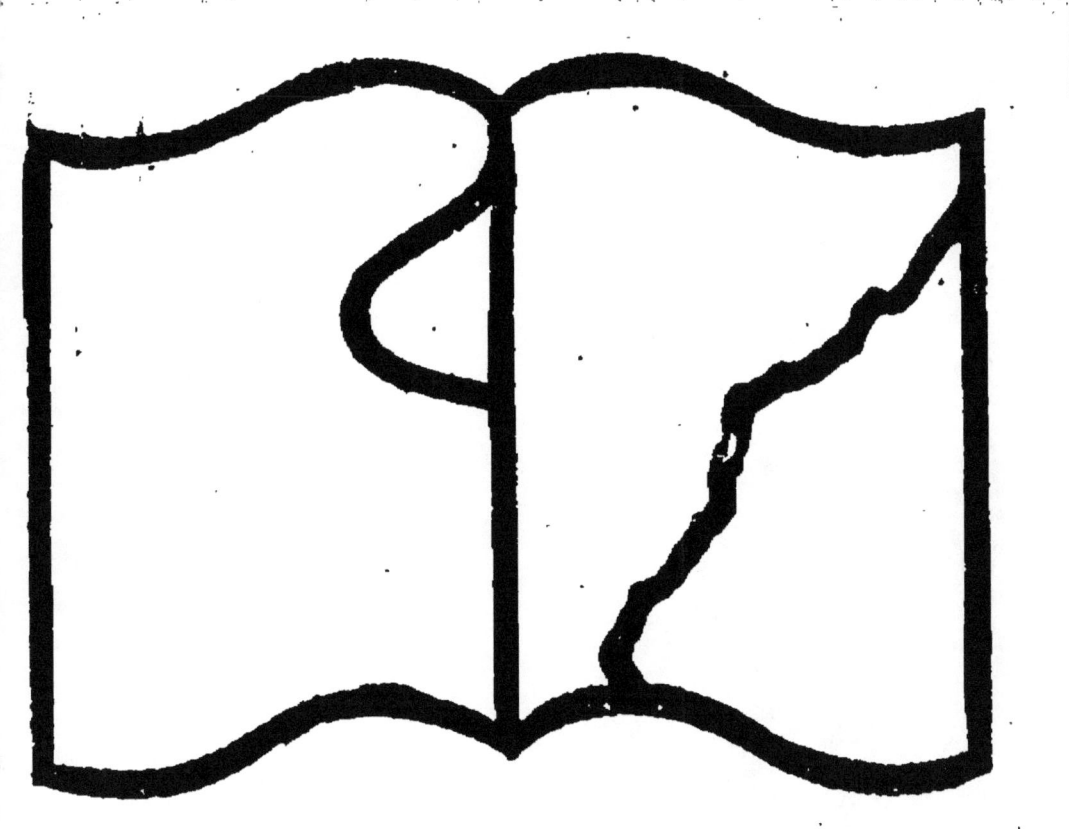

Texte détérioré — reliure défectueuse
NF Z 43-120-11

www.ingramcontent.com/pod-product-compliance
Lightning Source LLC
Chambersburg PA
CBHW060405170426
43199CB00013B/2005